에베소와 일곱 교회 이야기

에베소와 일곱교회 이야기

지은이   최   식
발행인   최   식
발행처   도서출판 CPS
펴낸날   2017. 4. 11
등 록   No. 112-90-27429
주 소   경기도 의왕시 포일세거리로7
전 화   031)421-1025
팩 스   031)421-1027
홈페이지 www.cpsbook.co.kr

ISBN 979-11-955986-9-4

값 13,500원

ⓒ 판권 저자 소유
이 책의 일부분이라도 저자의 허락 없이는 무단 복제할 수 없습니다.

CPS 설교학교
관점설교시리즈 **3** 개정판

에베소와
일곱교회
이야기

최 식 지음

CPS

추천의 글

현대 기독교의 위기를 강단의 위기, 설교의 위기라고 논평하는 시대, 세속화의 물결이 교회 가까운 주변까지 접근하는 현상을 탄식하며 운거 박사(Dr. Unger)는 "설교는 성경에 관하여 설교하는 것이 아니라, 성경을 설교하는 것"이라고 강조하고 있다.

성경의 절대적 신권을 견지하는 개혁주의 신학자들은 성경의 왕권(사도적 교회의 성경관을 표현하는 용어)의 변형 곡선을 지적하기를,

(1) 사도적 교회 시대를 〈성경의 왕권 시대〉
(2) 중세의 1,000년 천주교의 교권 시대를 〈성경의 왕권 흑암 시대〉
(3) 종교 개혁 운동을 〈성경의 왕권 회복 운동 시대〉
(4) 세속화되고 있는 현대 기독교의 시대를 〈성경의 왕권 약화 시대〉
   로 표현하고 있다.

일찍이 칼빈(Calvin)은 "목회자의 두 가지 큰 사명은 참된 말씀 전파를 통하여 양떼를 양육하고 양떼를 해치는 자를 방어하는 무기를 갖추어야 한다"고 했다. 영국의 저명한 설교자 Spurgeon은 "잘못된 설교는 양떼를 이단으로 기울어지게 만드는 위험이 된다"고 했다. 이런 표현은 설교자의 책임이 너무나 크다는 사실을 지적한다.

세속화와 변질의 현상이 가속화 되고 있는 이때에 진리 파수에 헌

신을 다하며 〈성경의 절대적 권위〉를 표준하고, 성경을 통하여 하나님이 원하시는 말씀의 신실한 Messenger의 사명 수행에 최선을 다하고 있는 최 식 박사가 집필하신 〈에베소서와 일곱 교회 이야기〉를 보면서 저는 신실한 복음의 대변자로서의 그의 영적인 실상을 느끼고, 뜻깊은 기쁨을 경험한다.

글을 읽으면서 Calvin의 "성경이 가라고 하는 데까지 가고, 성경이 머물라고 한 곳에서 머물라"는 기록을 마음에 새삼 되새기게 되며, "성경은 성경으로 해석 한다"는 개혁주의 주경신학의 실상을 다시 회고 해 본다.

이 책은 성경의 근본적인 개념 인식을 가볍게 하는 현실에서 세속화의 변형 곡선을 가고 있는 자신들을 인식하지 못하는 사람들에게 하나님의 말씀인 성경의 근본 개념 인식과 그 안에서 분출되는 하나님의 뜻을 전달하는 진실된 메신저가 될 것이며, 영적 권위(Spiritual authority) 형성에 크게 도움이 될 것이다.

Evangelia University
총장 신 현국 박사

서 문

관점설교를 대안으로

왜 설교의 어려움은 쉽게 해결되지 않는가?
설교 표절에 대한 이야기가 끊이지 않고 있다. "설교 표절 이대로는 안 된다"는 주제로 포럼을 개최한 어느 기관에서는 설교 표절이 전체 설교자의 90% 정도를 차지한다고 설문조사를 근거로 그 심각성을 지적했다.

이제 설교 표절은 설교자 개인의 도덕성 문제를 넘어서 한국교회 미래에 대한 문제라고 그 우려를 나타냈다. 하지만 결론은 뾰족한 대안을 제시하지 못했고 그저 설교자의 각성만을 촉구하는데 그쳤다. 이는 설교를 표절하고도 문제의식을 느끼지 못하는 이 시대의 설교자들을 향한 하나님의 음성이다.

* 만일 설교를 듣는 청중들이 이런 내용을 접한다면 무슨 생각을 할까?
* 설교 준비에 자유롭지 못한 설교자들은 무슨 생각을 할까?
* 왜 문제의 심각성은 다루면서 마땅한 대안은 제시하지 못하는 것일까?

설교자의 한 사람으로 답답하기 짝이 없는 일이다.
이 지면을 통하여 관점설교를 하나의 대안으로 제시하려고 한다.

관점설교란,
1. 본문에서 하나님께서 말씀 하시려는 목적(관점)을 찾고, 그 목적을 설교자의 관점으로 삼아서 설교를 이끄는 방식이다.
2. 설교자는 이 관점을 중심으로 청중들이 설교를 들을 수 있도록 논리적인 구조를 가지고 설교를 작성한다.
3. 관점설교는, 하나의 관점(하나님의 목적)을 중심으로 문제를 제기하고 하나님의 목적으로 그 문제의 해결을 준다. 그리고 관점을 중심으로 청중들의 삶을 적용하여 결단에 이르게 하는 설교 방식이다.

설교가 어려운 것은 본문을 통하여 무엇을 전할 것인가와 어떻게 전할 것인가가 분명하지 않기 때문이다. 설교자가 이 관점(무엇을 전할 것인가?)과 설교 작성을 위한 논리적 구조(어떻게 전할 것인가?)를 가진다면 다른 사람의 설교를 의존하지 않아도 자신만의 설교를 구성하고 전할 수 있게 된다.

이 지면을 통하여 관점이 무엇인가를 보여주고, 그 관점을 중심으로 어떻게 설교가 작성되는지를 함께 풀어가려고 한다.

필자는 관점설교에 대한 10여 권의 책을 통하여 관점으로 어떻게 설교가 진행되는지를 보여주고 있다. 이번에 소개하려는 "에베소와 일곱교회 이야기"는 교회에 대한 이야기다.

에베소서가 교회를 향한 메세지임을 모르는 설교자는 없을 것이다. 에베소서 전체의 핵심관점을 중심으로 각 장의 중요 부분이 어떻게 설교로 구성되는지를 논리적 체계(Frame)를 통하여 풀어가려고 한다. 일곱 교회 이야기는 계시록에 나타난 소아시아 일곱 교회에 대한 내용이다. 역시 각 교회에 주신 목적이 무엇인가를 찾아서 그 목적을 중심으로 청중적용과 결단을 이끌었다.

설교자에게 관점은 선택이 아니라 필수다.
관점이란, 각 본문에서 하나님께서 말씀하시려는 목적이다. 그 목적이 청중들에게 들려져야 설교다. 들리지 않는 설교는 결과를 기대

할 수 없다. 들리는 설교를 해야 한다.

 관점설교는 다른 설교자의 설교를 의존하지 않아도 스스로 설교할 수 있는 대안이다. 모쪼록 설교의 어려움을 겪고 있는 많은 설교자들이 관점설교 설교방법을 통하여 하나님의 음성을 마음껏 외칠 수 있는 그 날이 오기를 소망한다.

 미약한 글을 직접 추천해 주시고 격려해 주신 Evangelia University 신현국 총장님께 고개 숙여 깊은 감사드립니다.
 또한 언제나 부족한 종을 격려와 사랑으로 이끌어 주시는 Evangelia University 존경하는 스승이신 원차희 교수님과 한기원 교수님의 따뜻한 사랑과 CPS설교학교 동문 목사님들의 한결같은 열정을 이곳에 함께 남깁니다.

2017년 4월 부활주일에
CPS 설교학교에서 최 식 목사

목 차

추천의 글

서문

PART 1 에베소서

CHAPTER 01
내가 아닌 우리 "Unity" / 14

CHAPTER 02
벽을 넘어서! "Wall" / 24

CHAPTER 03
주의 사랑에 매여 "Sturdy" / 34

CHAPTER 04
쉬운 것은 아닙니다 "Forgiveness" / 44

CHAPTER 05
드러난 비밀 "Secret" / 54

CHAPTER 06
나로 입을 열어 "Evangel" / 64

 # 일곱교회 이야기

CHAPTER 01
네 촛대를 그 자리에서 / 76

CHAPTER 02
죽음에 직면했을 때도 / 90

CHAPTER 03
외유내강 / 102

CHAPTER 04
그 여자가 문제였어 / 116

CHAPTER 05
주님이 찾으시는 그 한 사람 / 126

CHAPTER 06
작지만 큰 능력 / 136

CHAPTER 07
나는 부자라 / 146

Show don't tell!

사데

빌라델비아

라오디게아

PART

1
에베소서

Unity

우리

에베소서의 핵심 본문이다. 그리고 1장 10절은 에베소서의 핵심 구절이다. 일반적으로 에베소서를 교회론의 보고(寶庫)라 한다. 에베소서를 교회론의 장이라고 부르는 이유가 무엇인가? 교회를 중심으로 하나 됨을 강조하고 있기 때문이다.

CHAPTER 01

내가 아닌 우리

엡 1:3~14

설교를 이끄는 관점

7절에 "우리는 그리스도 안에서 그의 은혜의 풍성함을 따라 그의 피로 말미암아 속량 곧 죄 사함을 받았느니라"

이 구절에서 강조하려는 부분이 있습니다.
맞습니다. "우리"라는 말을 강조하고 있습니다.
그렇다면 왜 "내가" 그리스도 안에서 구속을 받았다는 말을 하지 않고 "우리"가 그리스도 안에서 구속을 받았고 하는 것일까요?

따지고 보면 우리가 구원을 받은 것이 아니라 구원 받은 내가 모여서 우리를 이룬 것입니다. "우리"라는 표현보다는 "내가"라는 표현이 더 정확하지 않을까요?

"나"보다는 "우리"를 강조한다면,
* 개인의 존재감이 무시당하는 것입니다.
* 어떤 사람은 "우리"라는 말로 자신을 묶으려는 것에 대한 거부감을 일으킬 수도 있습니다.
* "내가" 인정받기를 원하는 사람은 "우리"라는 말을 싫어합니다.
  나를 세워줄 때 신나는 사람도 있습니다.

다른 사람의 입장을 고려하지 않고 일방적으로 "우리"를 강조하는 것은 신앙생활의 장애가 될 수도 있습니다. "우리" 보다는 "나"를 강조하는 것이 더 좋은 결과를 얻을 수 있습니다.

그런데 왜 "우리"를 강조하고 있을까요?

하나님의 목적으로 해결

하나님이 원하시는 목적이 있기 때문입니다.

10절에 "하늘에 있는 것이나 땅에 있는 것이나 다 그리스도 안에서 통일되게 하려 하심이라"

하나님은 "내가" 그리스도 안에서 "우리"가 되기를 원하시기 때문입니다.
그리스도 예수는 "우리" 되게 하시는 분입니다.

통일(하나): Unity

그리스도 안에서는 "나"는 없고 "우리"가 되는 것, 그것이 하나 됨입니다.

※ 교회는 그리스도 안에서 모든 자들이 하나 됨을 이루는 곳입니다. 그래서 그리스도께서는 자신의 몸으로 우리가 서로 하나 되도록 우리를 연결시키는 고리가 되셨습니다.
이것이 교회의 정의입니다.

그리스도 안에서 하나가 되도록,

1. 모두를 같은 방법으로 부르셨습니다(5절).

"그 기쁘신 뜻대로 우리를 예정하사 예수 그리스도로 말미암아 자기의 아들들이 되게 하셨으니"

우리 모두를 같은 예수님을 통하여 아들을 삼으셨습니다. 우리 모두를 아들 삼으실 때 한 사람도 기뻐하지 않은 사람이 없습니다.
우리가 놓치면 안 되는 것은, 우리 모두가 예수 안에서 아들 된 방법이 다 같습니다. 그래서 "우리"입니다. 모두 다 하나입니다.

예수님께서 우리와 관계하시는 방법도 같습니다. 우리는 우리일 수밖에 없습니다.

2. 모두에게 같은 복을 주십니다(3절).

"찬송하리로다 하나님 곧 우리 주 예수 그리스도의 아버지께서 그리스도 안에서 하늘에 속한 모든 신령한 복을 우리에게 주시되"

하나님께서 우리를 아들 삼으시고 우리를 구속하신 방법이 같은 것처럼 우리에게 주시는 복도 동일합니다. 하늘에 속한 모든 신령한 복을 차별 없이 같은 아들 된 "우리"에게 전부 내려 주심을 잊지 말아야 합니다.

3. 우리가 될 때 영광을 받으십니다(12, 14절).

"이는 우리가 그리스도 안에서 전부터 바라던 그의 영광의 찬송이 되게 하려 하심이라 …이는 우리 기업의 보증이 되사 그 얻으신 것을 속량하시고 그의 영광을 찬송하게 하려 하심이라"

하나님께서 그리스도 안에서 우리를 하나 되게 하시는 이유는 우리 모두를 통하여 동일(하나)한 영광을 받으시고 찬송을 받으시기 위함입니다.
"우리"를 무너뜨리는 것은 하나님의 영광을 가로막는 일입니다. 우리는 온 마음을 다하여 우리가 되어야 합니다.

* 교회는 "내가" 아니라 "우리"가 되는 곳입니다.
  나를 버리고 우리가 될 때 진정한 교회가 세워집니다.

관점으로 청중적용

사랑하는 여러분!

1. 지금 나는 어떤 신앙생활을 하고 있습니까?

* "내가" 중심입니까? 아니면 "우리"가 중심입니까?

* 우리교회는 "우리 교회"입니까? 아니면 "내 교회"입니까?
  좀 불편하게 들리실 수 있지만 이 교회는 "그리스도 안에 있는 우리 교회"입니까? 아니면 "어떤 사람들의 교회"입니까?

이 설교가 어떤 설교자나 청중들 입장에서는 불편할 수 있습니다. 예를 들어 몇몇 사람들이 모여서 목회자를 청빙한 경우라면 그 교회 몇몇 사람들의 마음속에는 이 교회가 "내 교회"라는 의식이 있을 수 있기 때문이다. 긍정적인 의미에서 좋은 부분도 있지만, 오늘 성경에서 말하려고 하는 목적과는 거리가 있습니다.

목사님들도 "내" 교회라는 생각을 가지면 안 됩니다. 내가 개척했다고 해서 내 교회가 아닙니다. 내가 개척했기 때문에 내 마음대로 할 수 있을지는 모르지만 내 교회는 아닙니다.

교회의 본질을 무너뜨릴 수 있기 때문에 이 질문을 반드시 던져야 합니다. 기분 나쁘게 하려는 것이 아닙니다. 청중들에게 문제의식을 주려는 것입니다.

긍정적인 면에서 "내 교회 의식"은 바람직합니다. 하지만 내가 아니면 안 된다는 식의 생각을 가진 사람이 있다면 "내가" 중심이 된 교회생활입니다.

* 내가 중심이 된 신앙은 주변을 힘들게 할 수 있습니다.
  나를 먼저 앞세워서 행동하는 자는 우리를 중요하게 생각하지 않기 때문입니다. 무슨 일이든지 내 생각, 내 자존심, 내 중심대로 행동하고 말하기 때문에 그의 주변은 늘 신음소리가 끊임없이 나옵니다.

* 이런 생각은 우리교회를 하나 되지 못하게 하는 걸림돌입니다.
  이런 생각을 가진 사람들이 많을수록 교회는 하나 될 수 없으며 여러 문제들로 인하여 교회의 역할을 제대로 할 수 없습니다.

2. 나를 버리고 "우리교회"를 만들어 가야 합니다.

쉽지는 않습니다. 하지만 반드시 우리교회를 통하여 예수님을 나타내야 합니다. 그 방법이 본문 안에 있습니다. "그리스도 안에서"라는 말을 주목하면 됩니다.

이것이 "우리"가 되는 비결입니다.

1) 내가 아니라 "그리스도를 앞장세우면" 우리가 됩니다.

그리스도를 앞세우는 것은 하나 되는 교회의 특징입니다. 누구도 그리스도보다 앞서서는 안 됩니다. 예수님이 앞장서시고 우리들은 앞서가신 주님을 따라야 합니다.

앞서가신 주님을 따라가는 성도들은 하나 될 수 있습니다. 모두가 예수님을 중심으로 움직이기 때문입니다. 예수님 중심의 생각과 말을 하기 때문입니다.

2) "너"를 먼저 생각하면 됩니다.

예수님은 "나"를 먼저 생각하지 않으시고 "너(우리)"를 먼저 생각하셨습니다. 우리(너)를 먼저 생각하셨기에 자신을 버리고 우리(너)를 위하여 십자가를 지셨습니다.

이 예수 안에 있는 자들은 "나"보다 "너(우리)"를 먼저 생각해야 하나 된 우리를 만들어 갈 수 있습니다.

3) 모든 영광을 주님께 돌리면 됩니다.

교회 안에서 박수 받는 사람이 없어야 합니다. 교회 안에서 이루어지는 모든 일의 결과는 오직 주님께만 영광을 돌려야 합니다. 목회자와 장로 그 누구도 예외가 없습니다.

그리스도 안에서 하나가 되면 사람이 박수를 받는 일은 없어집니다.

4) 하나님은 우리가 된 "나"를 축복하십니다.

"우리"가 받는 복은 "나"에게 주시는 복입니다. 우리가 되는 것은 결국은 내가 복 받는 일입니다. 하나님은 우리가 복을 받고, 내가 복을 받고, 우리교회가 복을 받기를 원하십니다.

관점으로 청중결단

교회가 무너지고 있습니다. 성도들이 교회를 떠나가고 있습니다. 수많은 성도들이 이단으로 빠져들고 있습니다. 지금은 교회를 지키는 데 목숨을 걸어야 할 때입니다.

특히 목회자는 목숨을 걸고 교회를 지켜야 합니다. 이유가 없습니다. 무조건 교회를 지켜야 합니다. 교회를 지키는 힘은 그리스도 안에서 우리가 되는 것뿐입니다.

우리 안에서 소외 된 성도들이 없어야 합니다.

평소 함께 하지 못하는 성도들을 돌아보아 "우리"가 되어야 합니다. 자주 교제하지 못하는 성도들을 찾아서 인사를 나누고, 좀 더 성도들과 친밀한 교제가 이루어지도록 적극적으로 손을 내밀어야 합니다. 이를 위하여 내가 먼저 인사하는 성도가 됩시다. 내가 먼저 인사할 때 우리교회가 "우리교회"가 됩니다.

나를 버리고 "우리교회"를 만들어 가야 합니다. 쉽지는 않습니다. 하지만 반드시 우리교회를 통하여 예수님을 나타내야 합니다. 그 방법이 본문 안에 있습니다. "그리스도 안에서"라는 말을 주목하면 됩니다.

Wall

담(하나 됨)

예수님과 우리 사이에 막혔던 담이 헐어졌습니다. 우리는 그 담을 넘어서서 이 세상을 살아내야 합니다.

CHAPTER 02

벽을 넘어서
엡 2:11~22

설교자가 문제의식을 가지고 본문을 읽어야 관점이 보입니다.

* 11절을 시작하면서 "너희는 그 때에"란 말을 꺼내고 있습니다.
  여기서 말하는 그 때는 어느 때를 말하는 것입니까?

* 13절에서는 "이제는 전에 멀리 있던 너희가 그리스도의 피로 가까워졌다"고 합니다.
  전에는 멀리 있던 자들을 그리스도의 피가 어떻게 가깝게 했습니까?

* 14절은 "원수 된 것 곧 중간에 막힌 담을 자기 육체로 허셨다"고 합니다.

"막힌 담"이란, 어떤 담을 육체로 허셨다는 말입니까?

설교를 이끄는 관점

* 그렇다면 이 담은 언제부터 막혀 있었습니까?

* 이 담이 막히게 된 이유는 무엇입니까?

* 그리스도께서 이 담을 육체로 허셨다고 합니다. 어떤 담이기에 육체로 헐 수 있습니까? 육체로 허물었다는 말은 구체적으로 무슨 말입니까?

* 왜 예수님이 이 담을 허셔야 했습니까?

위와 같은 질문들이 청중들에게 설교를 들리게 하는 질문들입니다.

보통 "담을 헌다"는 말은 긍정적인 의미에서는 개방과 새로운 기대감을 갖게 합니다. 하지만 부정적인 의미에서는 담이 헐리는 것은 외부로부터 위험의 요소가 침입된다는 불안감을 주기도 합니다.

* 문제는 예수님께서 이 담을 허셨다는 것입니다.
  도대체 무슨 담이기에 예수님까지 직접 나서서 이 담을 허셨습

니까? 그렇다면 이 담은 예수님이 아니면 아무도 헐 수 없는 담이란 말입니까? 예수님까지 나서서 이 담을 꼭 헐어야만 되는 이유라도 있는 것입니까?

* 혹시 여러분들은 이 담이 어떤 담인지 알고 있습니까?

하나님의 목적으로 해결

맞습니다. 이 담은 반드시 헐어야 할 담입니다. 그래서 예수님께서 직접 나서신 것입니다.

* 이 담이 어떤 담인지는 14절과 16절에 나타나고 있습니다.

" 그는 우리의 화평이신지라 둘로 하나를 만드사 원수 된 것 곧 중간에 막힌 담을 자기 육체로 허시고"

" 또 십자가로 이 둘을 한 몸으로 하나님과 화목하게 하려 하심이라 원수 된 것을 십자가로 소멸하시고"

이 담은 하나님과 나 사이에 막혀있던 담입니다. 이 담은 하나님과 불편한 관계를 의미하는 벽(wall)입니다. 이 담 때문에 하나님과 소통할 수 없었습니다. 하나님과 원수가 되었습니다. 문제는 이 담은 인간의 그 어떤 노력으로도 헐 수 없다는 것입니다. 그러므로 이 담은 반드시 헐어야 합니다. 반드시 무너뜨려야 하나님과 우리가 소통할 수 있습니다.

그런데 이 담을 예수님께서 육체로 허셨습니다.

육체로 허셨다는 것은 육신을 십자가에 내어 주심으로 이 담을 허시는 데 드리셨다는 말입니다. 십자가에 죽으심으로 하나님의 조건을 충족시키시고 이 담을 허물어 주셨습니다. 그 결과 하나님과 원수 된 관계가 청산되고 화목하게 되었습니다.

16절 "또 십자가로 이 둘을 한 몸으로 하나님과 화목하게 하려 하심이라 원수 된 것을 십자가로 소멸하시고"

※ 예수님은 하나님과 나 사이의 벽을 자신의 육체로 허셔서 하나님과 나를 화해시키시려고 자신을 대가로 지불하셨습니다.

그러므로 하나님과 화목하게 된 우리는

1. 새 생활을 해야 합니다(15절).

"법조문으로 된 계명의 율법을 폐하셨으니 이는 둘로 자기 안에서 한 새사람을 지어 화평하게 하시려고"

예수님께서 온 몸으로 담을 허신 이유가 분명합니다. 하나님과 원수 된 옛 생활을 청산시키시고 새 사람으로 살게 하시려는 것입니다. 예수님을 통하여 새롭게 된 자들은 당연히 새 생활을 해야 합니다. 새 생활은 하나님과 화목하게 된 증거입니다.

2. 모두와 하나 되어야 합니다(19~20절).

"그러므로 이제부터 너희는 외인도 아니요 나그네도 아니요 오직 성도들과 동일한 시민이요 하나님의 권속이라 너희는 사도들과 선지자들의 터 위에 세우심을 입은 자라…"

예수님은 어느 특정한 사람만을 위하여 담을 허신 것이 아닙니다. 모든 자들이 예수님을 통하여 하나님과 화목할 수 있습니다. 그런데 우리들이 어떤 조건을 내세워 하나가 될 수 없다면 예수님이 담을 허시고 화목하게 하신 것을 무너뜨리는 자가 됩니다.
성도들 사이에 막힌 담이 없어야 합니다. 그 누구와도 하나가 되어야 합니다.

3. 우리가 하나 될 때 주의 성전이 됩니다(21절).

"그의 안에서 건물마다 서로 연결하여 주 안에서 성전이 되어 가고"

우리가 서로 하나 될 때 주의 교회가 바로 세워집니다.
분열과 혼란이 사라지고 하나님과 화목한 성전이 이루어집니다. 이 성전에서 더 많은 자들이 화목하게 되는 역사가 일어날 수 있습니다.
우리 모두 적극적으로 하나 되어 모든 담을 없애고 예수님이 거하실 교회를 이루어 가야 합니다.

관점으로 청중적용

사랑하는 여러분!

1. 아직도 우리 안에 여전히 벽이 있습니다.

이 벽의 정의는 우리들 사이를 가로막고 있는 담입니다.
이 담은 우리 안에 많은 문제들을 야기시킵니다.

* 소통을 가로막습니다.
  서로에 대한 생각을 하지 못하게 합니다. 내 생각만을 앞세우고 일방적으로 행동하게 합니다.

* 다른 사람에 대한 배려도 없습니다.
  담 넘어있는 사람에 대한 배려나 관심이 없습니다. 내 말과 행동이 다른 사람을 얼마나 힘들게 하는지 전혀 살피지 않습니다.

* 자주 시험에 빠지게 되고 신앙생활이 즐겁지 못합니다.
  벽이 가로 막혀있으니 이 벽에 자주 부딪치게 됩니다. 시험과 상처가 끊임없이 계속 됩니다. 자신과 주변 모두가 힘든 신앙생활을 합니다.

* 일부러 자기만의 담을 가지려는 사람들도 있습니다.
　몇몇 사람들만을 위해 울타리를 만들어서 자기들 외에는 그 담을 넘어오지 못하게 하는 사람들입니다. 우리가 흔히 끼리끼리 행동한다고 말하는 부류입니다.
　이 담이 우리 안에 얼마나 많은 불평과 문제를 일으키는지는 굳이 설명을 하지 않아도 알 수 있습니다.

* 어떤 사람들은 자신을 감추면서 신앙생활을 하려고 합니다.
　자기만의 담을 쌓아 두고 그 뒤에서 숨거나 닫혀서 아무도 넘어오지 못하게 합니다. 이런 사람들은 생각보다 많습니다. 도무지 자신을 보여주려 하지 않습니다.

생각해 보십시오!
이런 담을 두고서 신앙생활을 제대로 할 수 있겠습니까?
　주님은 더 이상 우리 교회 안에서 이런 담이 존재하는 것을 원하지 않으십니다. 이 담은 우리를 성장하지 못하게 하는 장해물입니다.

2. 이제 이 벽을 허물고 나와야 합니다.

　이 담은 아무도 허물어 주지 않습니다. 저절로 무너지지도 않습니다. 예수 그리스도를 힘입어 내가 무너뜨려야 합니다.

1) 내가 죽어야 합니다.
다른 방법이 없습니다.

예수님께서 십자가에 못 박히심으로 둘이 하나가 되게 하신 것처럼 내가 죽어야 우리가 살 수 있습니다. 내가 죽는 것이 벽을 무너뜨리는 것입니다.

예) 엎드린 염소 이야기를 아십니까?

외나무다리에서 만난 두 염소가 어떻게 다리를 건너는지를 아십니까? 한 마리가 엎드려서 다른 한 마리에게 머리와 등을 밟고 지나가도록 자신을 내어 줍니다. 한 마리가 자신을 먼저 내어 줄 때 서로가 안전하게 건넙니다.

2) 참고 견디어야 합니다.

예수님께서 "육체"로 담을 허셨다는 말은 육신의 고통을 이겨내셨음을 강조한 것입니다. 그러므로 우리도 담을 헐기 위해서 고통, 즉 대가를 지불해야 합니다. 이것을 이겨내지 못하면 제자리걸음을 하게 됩니다.

한 번만 견뎌내면 또 이길 수 있습니다. 한 번 만 허물면 또 허물 수 있습니다.

3) 담이 없어야 주의 성전을 이루게 됩니다.

하나님은 우리 안에 막힌 담을 헐고 서로 화목함으로 주님이 함께 하시고 싶어 하시는 공간과 모임이 되기를 원하십니다. 이것이 우리가 세워갈 교회의 참 모습입니다.

하나님은 담을 무너뜨리고 하나 된 우리교회를 통하여 이 땅에 복을 주십니다.

하나님은 우리교회가 이 땅을 살리는 주의 성전이 되기를 원하십니다. 이 일에 헌신하는 자들을 크게 복 주십니다.

관점으로 청중결단

오늘 나의 막힌 담을 청산하십시오!

내가 막힌 담을 헐지 않고 그대로 살아가면 하나님과 관계없는 삶을 사는 것입니다. 막힌 담을 해결하지 않으면 나와 우리교회는 "하나님이 거하시는 처소"가 될 수 없습니다.

* 담을 헐기 위해서는 준비를 해야 합니다. (누구와 어떻게)

* 생각만으로는 안 됩니다. 시도를 하십시오! (내가 먼저)

* 문제는 상대가 아닙니다. 나를 이겨야 벽이 무너집니다.
  이 벽이 허물어질 때까지 계속 인내하며 누구와도 화목한 "우리"가 되시기를 바랍니다.

Sturdy

뿌리

뿌리 깊은 나무는 바람에 흔들리지 않는다고 했습니다. 예수님이 우리 신앙의 뿌리로 든든히 견고하게 자리하고 있습니까? 아니면 여전히 흔들리는 신앙의 모습입니까?

CHAPTER 03

주의 사랑에 매여
엡 3:14~19

설교자에게 관점이 생기려면 본문에 대한 질문이 필요합니다.

1. 바울이 무릎을 꿇고 빈다는 말은 바울의 어떤 심정을 표현한 것인가?
2. 무엇 때문에 바울이 이렇게 무릎을 꿇은 것인가?
3. 바울이 이런 심정으로 올린 기도내용은 무엇인가?
4. 그렇다면 이렇게 애타는 바울의 기도가 어떻게 하면 이루어질 수 있는가?
5. 하나님께서 바울을 통해서 이런 기도를 우리에게 공개 하시는 이유는 무엇인가?

설교를 이끄는 관점

바울의 애타는 기도가 나타납니다.

14~15절에 "이러므로 내가 하늘과 땅에 있는 각 족속에게
이름을 주신 아버지 앞에 무릎을 꿇고 비노니"

바울이 무릎을 꿇고 기도합니다.
여기서 무릎을 꿇었다는 말은 바울의 어떤 심정을 표현한 것입니까? 이렇게 애타는 모습으로 무슨 기도를 할까요?

바울이 기도한 내용은,

* 속사람이 성령으로 말미암아 강건하기를 기도했습니다(16절). 여기서 속사람이란, 우리의 영적상태를 이르는 말입니다. 그렇다면 에베소 교인들이 영적으로 병들거나 문제가 있단 말입니까?

* 믿음으로 말미암아 그리스도가 에베소 교인들 안에 거하시기를 구했습니다. 그리고 그 사랑 안에서 뿌리가 박히고 터가 굳어지기를 구했습니다(17절). 이는 에베소 교인들의 신앙에 상당한 문제가 있음을 드러내는 기도가 아닙니까?

* 그리스도의 사랑을 알고 그 사랑의 정도를 깨달아 알도록 구했습니다(18~19절). 이 기도의 내용대로라면 에베소교인들의 영적 상태가 아주 엉망입니다. 마치 에베소 교인들의 실상을 벌거

벗기는 것처럼 보입니다.

바울의 기도를 어떻게 받아들여야 할까요?
이런 기도의 내용을 공개적으로 밝히는 이유는 무엇일까요?
바울의 이 기도만 이루어진다면 우리의 삶에 더 바랄 것이 없습니다. 바울의 기도를 통하여 오늘 우리에게 주시는 말씀은 무엇입니까?

하나님의 목적으로 해결

바울이 무릎을 꿇고 간절하게 기도하는 내용 안에는 에베소 교인들의 신앙의 현실이 나타나고 있습니다.

바울은 이들의 신앙의 문제가 무엇인지를 알고 있기에 간절히 무릎을 꿇고 하나님의 심정으로 에베소 교인들에게 촉구하고 있습니다. 한마디로 이들은 신앙이 흔들리고 있습니다(17절).

17절 "믿음으로 말미암아 그리스도께서 너희 마음에 계시게 하시옵고 너희가 사랑 가운데서 뿌리가 박히고 터가 굳어져서"

"뿌리가 박히고 터가 굳어져서."
이 부분을 놓치지 말아야 합니다. "뿌리가 박히고 터가 굳어져서"라는 이 부분이 앞에 있는 16절과 뒤에 있는 18~19절을 절을 연결하는 고리입니다.

에베소 교인들이 그리스도 안에 견고한 신앙의 뿌리를 내리지 못해서 다음과 같은 현상이 나타났습니다.

1. 영적인 강건함을 특별히 구해야 할 만큼 약해졌으며(16절)
2. 그리스도가 마음 안에 계신지 믿음을 점검해야 했습니다(17절).
3. 그래서 바울은 에베소 교인들이 그리스도의 사랑 가운데 뿌리를 견고하게 내려서(17절)
4. 지식으로는 절대로 할 수 없는 그리스도의 사랑의 정도가 얼마나 큰지를 깨닫고(18~19절)
5. 하나님으로 성령으로 충만하여 다시는 흔들리지 않는 자들이 되기를 간구했습니다(19절).

바울의 이 기도는 나를 향하신 주님의 기도입니다. 바로 우리 교회를 향하신 주님의 기도입니다. 그리스도의 사랑은 어떤 사랑입니까? 왜 그 사랑 안에 뿌리를 내려야 한다고 강조합니까?

예수님은 나를 사랑하셔서 십자가를 지시면서도 흔들리지 않으셨습니다. 그 어떤 경우에도 예수님은 흔들리지 않으시고 나를 사랑하셨습니다.

그러므로 그 사랑 안에 뿌리를 내린 자는 절대로 흔들리지 않습니다. 그 예수님의 사랑 안에 뿌리를 내린 자는 예수님께서 흔들리지 않도록 붙잡아 주십니다.

* Sturdy : 견고하다. 흔들리지 않다.

관점으로 청중적용

사랑하는 여러분!

1. 우리 주변에 나를 흔드는 세력들이 많이 있습니다.

그리스도의 사랑 안에 뿌리를 내리지 못하도록 우리를 흔드는 세력이 있습니다. 이들은 양의 탈을 쓴 이리들입니다. 달콤하게 유혹하여 우리를 무너뜨리려는 자들입니다. 바로 거짓과 미혹의 영을 가진 자들입니다.

지금 우리 주변은 이런 세력들로 몸살을 앓고 있습니다.

우리는 이들의 손길을 주의해야 합니다.
이들의 목적은 하나뿐입니다. 그리스도의 사랑 안에서 나를 뽑아내서 망하게 하려는 것입니다. 이들에게 흔들리면 나도 죽고 너도 죽고 우리 모두가 죽을 수 있습니다. 뿌리가 뽑히고도 살 수 있는 것은 아무것도 없습니다.
여기에서 우리는 간절하게 하나님의 심정과 바울의 심정으로 이 문제를 해결하도록 촉구해야 합니다.

2. 뿌리를 견고하게 내리는 것 밖에는 다른 방법이 없습니다.

아무리 흔들어도 뿌리가 견고하면 흔들리지 않습니다. 보이는 것이 아니라 뿌리입니다. 보이지 않는 뿌리가 나를 살게 합니다.

내 뿌리를 견고하게 내려야 할 곳이 어디입니까?

1) 오직 예수님께 견고한 뿌리를 내려야 합니다(골 2:7).

예수님께 뿌리를 내렸다는 말은 예수님 외에는 구원이 없다는 확실한 신앙고백으로 무장하는 것입니다.

"주는 그리스도시요 살아계신 하나님의 아들"이라는 신앙고백을 가진 자는 예수님의 사랑에 뿌리를 내린 자입니다. 이렇게 예수님께 견고한 뿌리를 내린 자는 아무리 흔들어도 소용없습니다.

2) 교회에 뿌리를 견고하게 내려야 합니다.

예수님은 뿌리이시고 교회는 뿌리를 감싸고 있는 "터"입니다. 뿌리를 보호하는 흙더미가 "터"입니다. 이 터는 뿌리를 보호하고 견고하게 하는 아주 중요한 요소입니다. 그 터가 바로 교회입니다.

성도는 이 터인 교회를 중심으로 신앙을 해야 흔들리지 않습니다. 사탄은 터가 견고하지 못해 제대로 서지 못한 자들을 공격합니다.

어떤 사람은 예수님에 대해서는 흔들리지 않습니다. 하지만 터가 형편없는 모습으로 신앙합니다.

"하필이면 왜 나를 여기에다 심겨놨는가?"

자신이 왜 하필 이 교회 성도인지를 갈등합니다. 이것이 흔들리는 신앙입니다.

교회 중심 신앙이 흔들리지 말아야 합니다.

누가 나를 이 교회(터)에 심겨놓았는지 정말 모르십니까? 예수님이 나를 이 교회에 심어놓으셨다는 믿음을 가지시기 바랍니다.

내가 오고 싶어서 온 것이 아닙니다. 주님이 내가 이 터에 심겨져야 살 수 있기에 나를 이곳에 심으셨습니다.

그러므로 이 터에 견고하게 서야 흔들리지 않습니다. 이 터, 주님의 몸 된 교회를 떠나면 신앙이 흔들리고 병드는 것은 이상한 현상이 아닙니다.

3) 하나님께서는 이렇게 견고하게 뿌리를 내린 자들을 통하여 일을 하십니다.

하나님께서는 이런 자들에게 성령의 충만함을 부어주십니다. 성령으로 충만한 자는 흔들리지 않습니다. 하나님은 지금도 이런 자들을 통하여 큰일을 이루어 가십니다.

관점으로 청중결단

사명에 흔들리지 마십시오!
우리도 예수님처럼 죽을 각오로 일합시다.
우리는 자주자주 자신의 사명을 던져버리려고 합니다.
흔들리기 때문입니다.

"내가 이렇게 일하는 걸 누가 알아주나?"

"내가 왜 하필 이 일을 해야 되는가?"

"이 일 안한다고 무슨 일이 일어나는가?"

이런 생각이 찾아온다면 과감히 물리칩시다.
힘들고 지치고 시험이 올 때 예수님의 사랑을 생각하며 그 사랑으로 다시 일어서는 일꾼이 되어 봅시다!

어떤 경우에도 예수님의 사랑 안에 있어야 우리의 존재가 흔들리지 않습니다!

오직 주의 사랑에 매여 충성하는 사명자들이 됩시다!

아무리 흔들어도 뿌리가 견고하면 흔들리지 않습니다. 보이는 것이 아니라 뿌리입니다. 보이지 않는 뿌리가 나를 살게 합니다. 내 뿌리를 견고하게 내려야 할 곳이 어디입니까? 오직 예수님께 견고한 뿌리를 내려야 합니다

용서하라
Forgiveness

도저히 자기 마음대로 되지 않는 것들이 종종 있습니다. 용서가 그 중에 포함될 것입니다. 그만큼 쉽지 않은 것입니다. 어떻게 용서할 수 있다는 것인지, 그 실체는 어디서부터 오는 것인지 살펴봅니다.

CHAPTER 04

쉬운 것은 아닙니다
엡 4:25~32

관점을 갖기 위한 질문들

1. 25절에서 "우리가 서로 지체들이 됨이라"는 말은 누구를 향하여 한 말입니까?
2. 29절에서 "듣는 자들에게 은혜를 끼치게 하라"고 합니다. 여기서 듣는 자들은 누구이며 어떤 은혜를 어떻게 끼치라는 말입니까?
3. 또 한 30절에서 갑자기 "하나님의 성령을 근심하게 하지 말라"고 합니다.
   어떻게 하는 것이 하나님의 성령을 근심시키는 일입니까?
3. 32절에서 "그리스도께서 너희를 용서하심과 같이 서로 용서하라"고 합니다. 어떻게 하는 것이 그리스도께서 용서하신 것처럼

용서하는 것입니까?

설교를 이끄는 관점

본문에서 강조하려는 말씀은 무엇입니까?

32절에 "서로 친절하게 하며 불쌍히 여기며 서로 용서하기를 하나님이 그리스도 안에서 너희를 용서하심과 같이 하라"

서로 용서하라는 말씀을 강조합니다.

여러분! 용서가 무엇입니까?

잘못을 저지른 자에게 너그러움을 베푸는 것입니다. 잘못에 대한 책임을 감해 주는 것입니다. 용서할 수 있다면 해야 합니다. 하지만 생각을 해보십시오! 만일 나에게 아주 심각한 피해를 가한 자에게 어떤 책임도 지우지 않고 그냥 넘어가는 것이 과연 옳은 일입니까?

용서 할 수는 있습니다. 그 다음 내가 입은 피해는 누가 보상합니까? 아무런 책임을 지우지 않고 용서 한다면 관연 이것이 잘못을 저지른 자에게도 유익하겠습니까? 아무런 죄책이나 뉘우침 없이 똑같은 행위를 반복할 것입니다. 그리고 더 많은 피해자들이 생겨나게 됩니다. 그래도 용서해야 합니까?

본문을 좀 더 자세히 살펴보면 아주 부담스런 말씀을 합니다.

"하나님이 그리스도 안에서 너희를 용서하심 같이 하라"

이 얼마나 부담스런 말입니까?
그리고 우리가 어떻게 그리스도처럼 용서할 수 있습니까?
이렇게 용서를 강요하는 것은 신앙생활을 아주 힘들게 하려는 것입니다. 왜 이렇게 용서를 강조하십니까?

하나님의 목적으로 해결

25절이 그 이유입니다.

"그런즉 거짓을 버리고 각각 그 이웃과 더불어 참된 것을 말하라 이는 우리가 서로 지체가 됨이라"

우리가 서로 지체이기 때문입니다. 그리스도께서 우리를 용서하심 같이 무조건 용서하라는 명령입니다. 여기서 "지체"란 신체의 일부를 의미하는 것으로 절대로 뗄 수 없는 관계를 말하는 것입니다.

그리스도께서 나를 어떻게 용서하셨습니까?

무조건 용서하셨습니다. 내 의사와 관계없이 아무런 이유와 책임도 묻지 않으시고 일방적으로 무조건 용서하셨습니다.
 이 예수님의 용서가 나를 통하여 우리 안에서 이루어지기를 요구하고 계십니다.

 예수님의 용서는 무조건 용서입니다.
 상대방이 나를 용서하든 안 하든, 상대방이 어떤 감정을 갖고 있든지 관계없이 나는 무조건 용서해야 합니다. 이것이 그리스도 안에서 서로 지체를 유지하는 방법입니다.

 용서란 단어가 많지만 특히 영어에서의 용서 "forgiveness"는 상대방의 어떠한 배려도 생각하지 않고 무조건 용서하라는 의미입니다. 주님이 우리에게 하신 용서와 똑같은 의미를 가지고 있는 것이 바로 "forgiveness"입니다.

 1. 용서는 바로 해야 합니다(26절).

"분을 내어도 죄를 짓지 말며 해가 지도록 분을 품지 말고"

 용서하지 못하고 분을 쌓아두면 내가 무너집니다. 상대를 향한 분노는 사탄의 표적이 됩니다(27절). 사탄은 용서하지 못하고 분노를 품은 나를 이용하여 지체가 되지 못하게 합니다.
 그러므로 해가 지기 전에, 시간을 두지 말고 즉시 용서하는 습관을 가져야 합니다.

 2. 용서 받은 자는 다시는 반복하지 말아야 합니다(28~29절).

"도둑질하는 자는 다시 도둑질하지 말고 돌이켜 가난한 자에게 구제할 수 있도록 자기 손으로 수고하여 선한 일을 하라 무릇 더러운 말은 너희 입 밖에도 내지 말고 오직 덕을 세우는데 소용되는 대로 선한 말을 하여 듣는 자들에게 은혜를 끼치게 하라"

용서 받은 자가 또 다시 같은 죄를 반복하는 것은 지체의 용서를 무너뜨리는 일입니다(29절 상). 지체의 용서를 힘입어 자신과 같은 처지의 사람들을 일으키는 일에 헌신하는 자가 되어야 서로 지체가 됩니다(29절 하).

3. 용서하지 않는 일은 성령님을 근심하게 합니다(30절).

"하나님의 성령을 근심하게 하지 말라 그 안에서 너희가 구원의 날까지 인치심을 받았느니라"

우리가 용서하지 않은 것을 성령님께서 알고서 근심하십니다. 이 말은 우리가 무조건 용서하지 않으면 어떤 결과가 온다는 것을 성령님께서 알고 계시기 때문에 근심하십니다.

우리가 무조건 용서하지 않을 때 31절의 결과들이 나타납니다.

"너희는 모든 악독과 노함과 분냄과 떠드는 것과 비방하는 것을 모든 악의와 함께 버리고"

이것을 아시는 성령님께서 어찌 근심하지 않을 수 있습니까? 그래서 나를 살리시려고 용서하라고 하십니다. 용서하지 못하는 내게서 모든 악독과 노함과 분냄과 떠드는 것과 비방하는 것과 모든 악의가 나와서 결국은 나를 죽입니다.

용서 없이는 나의 행복도 없습니다. 용서하지 않는 삶은 불행한 삶입니다.

4. 이렇게 용서합시다(32절).

"서로 친절하게 하며 불쌍히 여기며 서로 용서하기를 하나님 이 그리스도 안에서 너희를 용서하심과 같이 하라"

용서는 서로 해야 합니다.
서로 용서를 구하고 서로 용서를 받아들여야 합니다. 그리고 용서하기 이전과 이후가 똑같아야 합니다.
용서 이후가 더 중요합니다.
서로 친절함을 잃지 말아야 합니다.
잘못을 저지른 자를 진심으로 불쌍히 여기며 그리스도의 마음으로 지체됨을 유지해야 합니다. 이는 내가 사는 길이며 서로가 사는 길입니다.

* 그리스도의 마음으로 무조건 용서하는 것은 서로 지체를 이루는 길입니다.

관점으로 청중적용

사랑하는 여러분!

1. 아직도 용서할 수 없는 사람이 있습니까?

언제부터 이런 감정에서 벗어나지 못하고 계십니까?
언제까지 용서하지 않으시겠습니까?

중요한 것은 성령님께서 이런 나를 향하여 근심하고 계심입니다. 용서하지 않는 사람은 언제 터질지 모르는 시한폭탄과 같은 사람이기 때문입니다. 용서하지 않는 사람은 언제 문제가 터질지 모르는 사람임을 아시는 성령님께서 어찌 근심하지 않으시겠습니까?

용서할 수 없는 너 때문이 아닙니다. 용서하지 못해서 문제와 고통 속에 빠질 나 때문입니다. 용서하지 못하는 사람이 있는 주변과 교회는 조용할 날이 없습니다. 무수한 말들과 시끄러움이 그의 주변을 떠나지 않기 때문입니다.

예수님은 나를 무조건 용서하셨는데, 용서가 없는 나를 어떻게 여기실지 생각해 보셨습니까?
예수님의 용서에는 이유가 없습니다. 예수님이 원하는 것은 예수님 때문에 그냥 용서하고 받아주는 것입니다. 이 용서가 안 되는 사람은 오늘 예수님의 용서를 다시 한 번 내 안에 담고 용서를 향하여 나아가기를 바랍니다.

2. 예수님을 앞세우고 무조건 용서하십시오!

예수님이시라면 내가 용서할 수 없는 이 사람을 어떻게 하셨을지 생각하십시오! 이것이 예수님을 앞세운 용서입니다.
무조건 그리스도 안에서 나를 용서하신 것처럼 용서하십시오!

1) 나 혼자서라도 하면 됩니다.

상대의 생각이나 감정을 따지지 마십시오! 상대를 생각하면 절대로 용서할 수 없습니다.

무조건 묻지도 말고, 따지지도 말고, 나 혼자서라도 용서하면 됩니다. 나 혼자라도 용서하면 31절이 사라집니다. 하지만 용서하지 않으면 독버섯처럼 자리잡고 있다가 문제를 일으킵니다.

2) 용서는 힘입니다.

용서하는 사람의 주변에는 사람들이 있습니다. 그 사람들은 용서하는 자의 힘과 지체입니다. 하지만 용서를 모르는 사람 주변에는 아무도 없습니다.

아무도 그의 곁에 있으려 하지 않습니다. 아무도 그의 지체가 되려고 하지 않습니다. 아무도 그를 받아 주려고 하지 않습니다.

지금 내 주변을 돌아보십시오! 누가 나의 힘과 지체가 되어주고 있습니까? 용서의 사람은 하나님도, 사람도 그를 떠나지 않습니다.

3) 용서는 복 받는 통로입니다.

용서는 하나님이 찾아오시는 통로입니다. 예수님의 용서로 하나님과 우리가 화목하게 되었습니다. 하나님의 자녀가 되는 복을 받았습니다.

용서는 진정한 축복의 통로입니다. 하나님은 용서의 사람에게 아끼시는 것이 없습니다. 명심해야 합니다.

용서를 놓칠 때마다 내가 누릴 복도 하나씩 놓칩니다.

이 시간도 용서의 사람들은 축복으로 채워지고 있습니다.

관점으로 청중결단

이제 내가 용서해야 할 사람을 찾아야 합니다.

언제부터 그를 용서하지 못하고 있었는지를 기억하고 이제는 용서해야 합니다. 내가 먼저 용서하지 못하면 끝이 없습니다.

나를 위해서 용서하십시오!

용서할 수 없다는 내 생각 뒤에 감추어진 사탄의 전략에 속으면 안 됩니다. 용서하지 않으면 결국은 내가 죽습니다.

오늘 이 자리에서 당장 용서하십시오!

예수님의 이름으로 그의 이름을 부르면서 용서를 선언하십시오!

그리고 무조건 용서했으니 아무 말도 하지 말고 잊어버리십시오!

용서하지 못해 사로잡힌 감정이 있습니까. 거기서 완전히 탈출하셔서 예수님의 사랑으로 채워지기를 바랍니다. 분명한 것은 하나님께서 용서의 사람인 나를 더 존귀하게 여겨주십니다.

Secret

부부

부부 사이에 존재하는 비밀이 있는 것처럼 그리스도와의 관계에서도 비밀이 있습니다. 그 사랑을 나누고 받은 자 외에는 알 수 없는 비밀입니다.

CHAPTER 05

드러난 비밀
엡 5:22~33

관점이 생기려면 본문을 읽을 때 청중의 시각이 필요합니다.

1. 교회 이야기를 하다가 본문에서는 부부 이야기로 화제가 바뀌었습니다. 갑자기 남편과 아내에 대한 이야기를 꺼내는 이유는 무엇입니까?

2. 특이한 점은 부부 관계를 교회와 그리스도의 관계로 연결 짓고 있다는 점입니다. 교회와 부부가 어떤 연관이 있다는 것입니까?

3. 바울은 이런 관계를 비밀이라고 했습니다. 비밀이라면 일부러 감추었다는 뜻입니까? 왜 이것을 비밀이라고 말하고 있습니까?

설교를 이끄는 관점

여러분, 교회와 부부의 공통점이나 연관성을 알고 있습니까?

22~25절은 부부와 교회, 곧 그리스도와 연결하여 말하고 있습니다.

"아내들이여 자기 남편에게 복종하기를 주께 하듯 하라 이는 남편이 아내의 머리됨이 그리스도께서 교회의 머리됨과 같음이니 그가 바로 몸의 구주시니라 그러므로 교회가 그리스도에게 하듯 아내들도 범사에 자기 남편에게 복종할지니라 남편들아 아내 사랑하기를 그리스도께서 교회를 사랑하시고 그 교회를 위하여 자신을 주심 같이 하라"

이상하지 않습니까?

아내는 남편에게 주님께 복종하듯이 하라고 합니다. 일정부분 남편의 권위와 질서를 생각해서 어느 정도 세워줄 수 있습니다. 하지만 예수님을 대하듯이 모든 것을 복종하라는 말은 너무 일방적인 강요입니다. 요즘 아내들이 이 말을 전적으로 수용하겠습니까?

또한 남편들도 아내 사랑하기를 그리스도께서 교회를 사랑하신 것같이 하라고 합니다.
여러분! 예수님께서 교회를 어떻게 사랑하셨습니까? 자신의 목숨을 버려서 교회를 사랑하셨습니다. 이런 엄청난 사랑을 남편들이 아내를 향하여 쏟아낼 수 있겠습니까? 한마디로 예수님처럼 사랑할 수 있는 남편이 존재하겠습니까? 남편들 입장에서 이건 너무도 무리한 요구입니다.

자기 아내를 사랑하지 않는 남편이 어디 있겠습니까?
정도의 차이는 있겠지만 최선을 다하며 사랑합니다. 그런데 예수님처럼 사랑하는 것은 누구라도 어려운 일입니다. 정말 이렇게 사랑한 자가 있기는 할까요?
바울은 아내도 없는 자입니다. 그런 그가 이런 사랑을 강요하는 이유가 무엇입니까?

하나님의 목적으로 해결

이렇게 말하는 이유가 분명합니다.

그리스도 안에서 하나 되는 삶을 방해하는 요소 중 하나가 바로 가정이기 때문입니다(첫 번째 방해 요소는 용서하지 않는 것).
부부가 하나 되지 못하면 그리스도와 교회의 하나 됨도 어렵습니다. 그래서 남편과 아내는 그리스도께서 교회에게 보여주신 사랑을 중심으로 하나 됨을 잃지 말아야 합니다.

바울이 말하려는 핵심은 부부에 대한 이야기가 아니라 교회와 그리스도에 대한 이야기입니다.

32절을 주목하십시오!

"이 비밀이 크도다 나는 그리스도와 교회에 대하여 말하노라"

1. 이것을 비밀이라고 했습니다.

부부 사이에만 존재하는 비밀이 있습니다. 이 비밀은 부부가 서로에 대한 사랑을 확인하고 더 가까이 다가가게 합니다. 이것이 비밀인 이유는 오직 부부 외에는 알 길이 없기 때문입니다.
그리스도와의 관계도 비밀입니다. 그리스도와 나눈 사랑은 본인 외에는 알 길이 없기 때문입니다. 그래서 그리스도와 나눈 사랑도 부부가 나눈 사랑처럼 비밀입니다. 그 사랑을 나누고 받은 자 외에는 알 수 없는 비밀입니다.

2. 부부가 비밀을 가지고 하나를 이루는 것처럼 우리도 그리스도와 교회를 향하여 하나를 이루어야 합니다(29~30절).

"누구든지 언제나 자기 육체를 미워하지 않고 오직 양육하여 보호하기를 그리스도께서 교회에게 함과 같이 하나니 우리는 그 몸의 지체임이라"

부부가 한 몸이 되어 자신을 사랑하는 것처럼, 아내와 남편을 사랑하여 하나 됨을 이루어 가듯이(28절) 그리스도와 교회의 관계도 이렇게 이루어가야 합니다.
우리는 예수님과 교회의 일부입니다. 여기서 그의 몸의 지체란, 신체의 일부를 의미합니다. 신체의 일부가 독립적으로 존재할 수 없듯이 우리는 그리스도와 교회를 떠나서는 아무것도 할 수 없습니다. 우리가 그리스도와 교회를 떠나는 순간부터 우리는 모든 것을 잃어버리게 됩니다.

3. 그리스도가 교회에 보여주신 것은 사랑입니다. 이 사랑 안에서 모든 것을 이루셨습니다(25절).

"남편들아 아내 사랑하기를 그리스도께서 교회를 사랑하시고 그 교회를 위하여 자신을 주심 같이 하라"

그러므로 우리도 이 사랑을 중심으로 모든 것을 이겨내고 하나 되어야 합니다. 그리고 더욱 열심히 사랑으로 세워져 가야 합니다.

4. 33절은 우리가 사랑해야 할 방향입니다.

"그러나 너희도 각각 자기의 아내 사랑하기를 자신 같이 하고 아내도 자기 남편을 존경하라"

남편에게 아내는 어떤 존재입니까?
또한 아내에게 남편은 어떤 존재입니까?
성경은 그 정의를 자기 자신이라고 말씀하고 있습니다. 그러므로 남편이 아내를 사랑하지 않는 것은 자기를 학대하는 것입니다. 아내가 남편을 존경하지 않는 것은 자기를 미워하고 자기를 멸시하는 것입니다.

* 부부가 한 몸이듯이 성도는 그리스도와 교회와 한 몸을 이루어 부부처럼 사랑하고 아끼고 섬겨야 합니다.

관점으로 청중적용

1. 교회들이 위기를 겪고 있습니다.

위기를 겪고 있는 교회들은 하나같이 하나가 되지 못해서 위기가 온 것을 알 수 있습니다. 더 큰 문제는 교회의 위기를 나의 위기로 받아들이는 성도들이 많지 않다는 사실입니다.

교회와 나는 별개라고 생각합니다. 교회와 자신을 하나로 생각하지 않습니다.

교회의 사정이나 문제들이 자신과 연계되는 것을 꺼려합니다. 교회에 관심이 없습니다. 교회는 특정한 사람들만이 움직이는 곳이라고 생각합니다. 교회가 자신에게 부담지우는 일이 있을까 일부러 멀리하는 사람들도 있습니다.

만일 이런 모습이 여러분의 가정에서 부부 사이에 일어난다면 어떻게 하시겠습니까?

그래도 관심 없이 내 문제가 아니라고 방관하며 지낼 수 있겠습니까? 자신을 내어주고 사신 교회가 이런 취급을 받는 것을 예수님은 어떻게 생각하실지 생각해 보셨습니까?

2. 적극적으로 하나 됨을 이루어 가야 합니다.

마치 부부가 매일 사랑을 나누며 가정을 지속하듯이 우리는 그리스도의 몸 된 교회를 향하여 올바른 태도를 가져야 합니다.

1) 예수님처럼 사랑합시다!(25절)
예수님께서 교회를 사랑하셨습니다.
예수님은 교회를 세우시기 위해 자기 자신의 전부를 사랑으로 내어 주셨습니다. 예수님은 자신이 교회를 얼마나 사랑하는지를 온 몸으로 보여주셨습니다.

지금 나는 어떻게 교회를 사랑하고 있습니까?
내 아내나 남편처럼 사랑하고 있습니까?
그 사랑이 교회를 향하여 어떻게 나타나고 있습니까?

2) 성도 한 사람 한 사람을 주께 대하듯 합시다!
성도 한 사람 한 사람이 모두 교회입니다. 각 사람을 주께 대하듯 하는 것이 주님의 몸 된 교회를 주께 대하듯 하는 것입니다. 이것이 지체와 한 몸을 이루는 신앙입니다.

나 때문에 상처를 받고 실족하는 자가 있다면 교회를 무너뜨리는 일입니다. 우리의 몸에서 신체의 일부를 찢어내는 끔찍한 일입니다. 우리교회는 이런 상처로 힘들어하는 사람이 없어야 합니다.

관점으로 청중결단

가정도 교회입니다. 가정의 구성원들 모두 교회입니다.
우리 가정들이 하나 되어 온전한 교회를 이루어 갑시다!
가정의 하나 됨을 깨뜨리는 요소들을 제거해야 합니다.
특히 부부가 불신을 갖지 않도록 거짓을 버리고 매사에 진실함으로 서로 존중해야 합니다.

가정이 무너지면 온전한 신앙생활을 할 수 없습니다.
그리스도께서 교회를 사랑하심 같이 서로 사랑하고 존경하는 신실한 가정이 될 때 교회도 하나 됨을 이루어 갑니다.

부부가 한 몸이 되어 자신을 사랑하는 것처럼, 아내와 남편을 사랑하여 하나 됨을 이루어 가듯이(28절) 그리스도와 교회의 관계도 이렇게 이루어가야 합니다. 우리는 예수님과 교회의 일부입니다.

전신갑주(복음)

Evangel

복음의 비밀을 알리기 위해서 하나님의 전신갑주를 입는 것입니다. 방해하는 마귀의 세력을 이기고 복음의 비밀을 담대히 알리는 유일한 비결은 하나님의 전신갑주로 무장하는 것입니다.

CHAPTER 06

나로 입을 열어
엡 6:10~20

관점을 갖으려면 본문에 대한 질문이 필요합니다.

1. 본문은 마치 군사처럼 무장을 강요하고 있습니다. 왜 이런 무장을 강요하는 것입니까?

2. 12절을 보면 우리가 싸워야 할 대상이 나타납니다. 우리의 씨름이 혈과 육을 상대하는 것이 아닙니다. 하늘에 있는 악의 영들을 상대합니다.
   혈과 육이 아니라면 눈으로 보이는 상대가 아니라는 것인데 이들과 싸움이 가능하겠습니까?

3. 마무리 19절에서 바울은 자신을 위한 기도를 부탁하고 있습니

다. 그리고 자신은 이 일을 위하여 쇠사슬에 매인 사신이 되었다고 합니다. 바울이 말하려는 핵심은 무엇입니까?

설교를 이끄는 관점

바울이 에베소 교회 교인들에게 강력하게 명령하는 것이 있습니다.

11절에 "마귀의 간계를 능히 대적하기 위하여 하나님의 전신 갑주를 입으라"

하나님의 전신갑주를 입으라고 합니다.
하나님의 전신갑주는 어떻게 입는 것입니까?
사람이 하나님의 전신갑주를 입을 수 있는 것입니까?
하나님의 전신갑주를 입는 이유가 심상치 않습니다.

"마귀의 간계를 능히 대적하기 위하여."
우리가 마귀를 대적하기 위해서 하나님의 전신갑주를 입어야 한다니 말이 됩니까?
우리가 상대해야 할 마귀는 "하늘에 있는 악한 영들"입니다.
눈에 보이지 않는 악한 영들의 세력을 우리가 무슨 수로 당할 수 있단 말입니까? 하나님의 전신갑주만 입는다고 이 악한 영들을 상대할 수 있습니까?

하나님의 전신갑주는 무엇이며, 어떻게 입어야 합니까?

14~17절은 하나님의 전신갑주가 무엇인지를 알려줍니다.

"그런즉 서서 진리로 너희 허리 띠를 띠고 의의 호심경을 붙이고 평안의 복음이 준비한 것으로 신을 신고 모든 것 위에 믿음의 방패를 가지고 이로써 능히 악한 자의 모든 불화살을 소멸하고 구원의 투구와 성령의 검 곧 하나님의 말씀을 가지라"

* 진리의 허리 띠
* 의의 호심경
* 복음의 신
* 믿음의 방패
* 구원의 투구
* 성령의 검(하나님의 말씀)

정말 이것만 가지면 악한 영들의 세력을 이길 수 있습니까?
특이한 점은 이런 무장을 강요한 바울이 자신을 위한 기도도 함께 강요하고 있다는 점입니다.
그렇다면 하나님의 전신갑주를 입는 이유가 바울을 위한 무장이란 말입니까?
우리가 하나님의 전신갑주로 무장하는 것과 바울을 위한 기도는 어떤 연관성이 있습니까?

하나님의 목적으로 해결

아주 중요한 연관성이 있습니다. 19절을 보시면 됩니다.

"또 나를 위하여 구할 것은 내게 말씀을 주사 나로 입을 열어 복음의 비밀을 담대히 알리게 하옵소서 할 것이니"

복음의 비밀을 알리기 위해서 하나님의 전신갑주를 입게 했습니다. 하늘에 있는 악한 영들, 마귀의 간계는 복음을 알리지 못하게 방해하는 것이 목적입니다.

이 마귀의 간계로 인하여 바울은 지금 사슬에 매인 사신이 되었습니다. 마귀의 방해세력을 받고 있습니다. 이 마귀의 세력을 능히 이겨내고 복음의 비밀을 담대히 알리는 유일한 비결은 하나님의 전신갑주로 무장하는 것 밖에 없습니다.

1. 하나님의 전신갑주를 입을 때 하나님의 힘과 능력을 갖게 됩니다.

10절에 "너희가 주 안에서와 그 힘의 능력으로 강건하여지고"

하나님의 전신갑주는 하나님의 힘과 능력을 쏟아내는 비밀이 담겨 있습니다. 아무리 약한 자라도 하나님의 전신갑주만 입으면 그 힘과 능력으로 강건해집니다.

2. 하나님의 전신갑주는 마귀를 대적하는 유일한 방법입니다.

11절에 "마귀의 간계를 능히 대적하기 위하여 하나님의 전신 갑주를 입으라"

하나님의 전신갑주를 입은 자들을 마귀의 간계가 당해낼 수 없습니다. 하나님의 전신갑주는 하늘에 있는 악한 영들을 물리칠 수 있는 유일한 비결입니다. 마귀는 하나님의 전신갑주를 입은 자들만을 두려워 합니다.

3. 에베소 교회 전체가 하나님의 전신갑주를 입으라고 합니다.

18절에 "모든 기도와 간구를 하되 항상 성령 안에서 기도하고 이를 위하여 깨어 구하기를 항상 힘쓰며 여러 성도를 위하여 구하라"

하나님의 전신갑주를 모든 성도들이 입고 무장하도록 기도를 촉구하고 있습니다. "여러 성도들", 즉 한 사람도 빠짐없이 하나님의 전신갑주를 입도록 살피면서 구하라고 합니다.

* 교회는 하나님의 전신갑주를 입고 하나 되어 그리스도 복음의 비밀을 말하는 것이 존재 이유입니다.

관점으로 청중적용

사랑하는 여러분!

1. 하나님의 전신갑주를 입고 있습니까?

　지금 나는 무장 된 그리스도인입니까?

　악한 영들을 이겨낼 수 있는 능력을 구비했습니까?

　눈에 보이지 않는 악한 영들의 세력이 하루도 빠짐없이 내 주변을 맴돌며 나를 무너뜨리려고 온갖 노력을 다하고 있습니다.

　이 마귀의 악한 권세는 우리의 힘과 조건으로는 도저히 상대할 수 없습니다. 하나님의 전신갑주를 입지 않고는 아무도 상대할 수 없습니다.

　그런데 우리는 하나님의 전신갑주를 입는 일에 관심이 없습니다. 마귀의 실체가 우리 눈에 보이지 않기 때문에 그 세력을 대수롭지 않게 여깁니다. 눈에 보이지 않는 악의 세력보다는 눈에 보이는 것들을 더 좇아가는 것이 우리의 현실입니다.

　우리교회가 하나님의 전신갑주로 무장했는지도 살펴야 합니다. 우리교회의 사명은 주님 오실 때까지 하나님의 전신갑주로 모든 성도들이 무장하는 것입니다. 지금 우리교회가 이 사명에 충실하고 있는가를 긴급하게 점검해야 합니다.

　지금 우리교회는 이 일에 손을 놓고 있지는 않습니까?

2. 하나님의 전신갑주를 입고 나아갑시다!(19~20절)

"또 나를 위하여 구할 것은 내게 말씀을 주사 나로 입을 열어 복음의 비밀을 담대히 알리게 하옵소서 할 것이니 이 일을 위하여 내가 쇠사슬에 매인 사신이 된 것은 나로 이 일에 당연히 할 말을 담대히 하게 하려 하심이라"

바울은 하나님의 전신갑주를 입고 복음의 비밀을 알리다가 쇠사슬에 매인 사신이 되었다고 합니다. 이는 복음을 위하여 갇힌 자가 된 상태에서도 복음을 알리는 일을 쉬지 않고 있음을 말하는 것입니다.

1) 하나님의 전신갑주를 입은 자들은 어떤 상황에서도 복음을 알려야 합니다. 마귀는 여러 환경들을 통하여 복음을 알리지 못하도록 방해합니다. 이 때 하나님의 전신갑주를 입은 자들은 쇠사슬에 매여 있어도 복음을 전하는 일을 쉴 수 없습니다.

2) 하나님의 전신갑주를 입고 그 힘과 능력이 나타나도록 기도해야 합니다. 18절 한 절에 6번이나 기도를 강조하고 있습니다.

"모든 기도와 간구를 하되 항상 성령 안에서 기도하고 이를 위하여 깨어 구하기를 항상 힘쓰며 여러 성도를 위하여 구하라"

기도는 복음의 능력을 쏟아내는 비결입니다.
복음의 비밀을 맡은 자들은 특별한 사명 자들입니다. 이들을 위한 기도는 이들의 무장을 더 강하게 만드는 능력입니다. 이들이 나가서 복음의 비밀을 더 담대히 말하게 하는 능력도 기도에 있습니다.

3) 복음의 비밀을 전하는 일에 어려움이 있습니다(20절).

"이 일을 위하여 내가 쇠사슬에 매인 사신이 된 것은 나로 이 일에 당연히 할 말을 담대히 하게 하려 하심이라"

지금 바울은 복음의 비밀을 말하다 옥에 갇혀 있습니다. 복음의 비밀을 말하는 일은 어려움과 고난이 있음을 보여주고 있습니다.

우리에게도 같은 어려움이 있습니다. 피할 수 없는 어려움도 있습니다. 이런 어려움이 있기에 하나님의 전신갑주로 무장하고 기도가 꼭 필요합니다.

기도의 무장은 복음의 비밀을 말하는 자들의 어려움을 이기게 합니다.

관점으로 청중결단

다시 무장합시다!
어디서 무장이 해제 되었는지를 살피고 온 교회가 이 일을 위하여 하나 되어 하나님의 전신갑주로 무장하고 다시 기도를 일으키고 복음의 비밀을 말하는 일에 하나 되어 움직입시다!
이 일에 하나 되는 것이 우리 교회의 본질이며 사명입니다.
복음의 비밀을 말하기 위해서 다시 새롭게 출발합시다.

복음의 비밀을 알리기 위해서 하나님의 전신갑주를 입게 했습니다. 하늘에 있는 악한 영들, 마귀의 간계는 복음을 알리지 못하게 방해하는 것이 목적입니다. 이 마귀의 간계로 인하여 바울은 지금 사슬에 매인 사신이 되었습니다.

사데

빌라델비아

라오디게아

PART

2

일곱교회
이야기

처음사랑
그러나 너를 책망할 것이 있나니 너의 처음 사랑을 버렸느니라

Love

(4절)

CHAPTER 01

네 촛대를
그 자리에서

계 2:1~7

계시록은 아주 특별한 말씀이 담겨있습니다.

계 1:1절 "예수 그리스도의 계시라 이는 하나님이 그에게 주사 속히 일어날 일들을 그 종들에게 보이시려고 그의 천사들을 그 종 요한에게 보내어 알게 하신 것이라"

계시록은 예수님께서 요한에게 직접 보여 주신 말씀으로, 속히 일어날 일들을 그 종들에게 알리시려는 목적으로 기록하게 하셨습니다.

그래서 요한은 아시아에 있는 일곱 교회를 향하여 그가 본 것과 지금 있는 일과 장차 될 일을 기록하여(1:20) 각 교회에 편지로 전달했습니다.

요한의 첫 번째 편지는 에베소 교회에 전달되었습니다.

에베소는 사도 바울의 주된 선교지로서 아시아 최초 일곱 교회 중 하나인 에베소 교회가 실재했던 고대도시였습니다.

오늘의 에베소는 수많은 유적들만이 그 옛날의 영화를 말해주는 사라진 도시가 되었습니다. 고대도시 에베소가 있었던 위치는 현재의 터키의 서남부지역 에게해 부근입니다.

헬레니즘 시대와 로마 시대에 최고의 황금기를 누린 에베소는 당시 소아시아주의 수도이자 최대 항구도시였습니다. 로마제국 아우구스투스 황제 때는 인구가 20만 명을 넘기도 했다고 합니다. 오늘날 볼 수 있는 대부분의 유적도 이 시대에 만들어진 것들로 판명되고 있습니다.

당시 에베소는 비옥한 평야이자 동서양을 이어주는 교통의 요충지로써 무역의 도시이자 유행과 향락의 도시로 2만 5천명을 수용할 수 있는 대극장과 음악당, 목욕탕, 여관, 도서관(두란노 서원)이 있었습니다.

세계 7대 불가사의 중 하나이자 파르테논 신전보다 4배나 큰 것으로 알려진 아데미 신전이 있었던 대도시가 에베소입니다.

특히 1세기 기독교인들에게 있어서 중요한 도시이기도 한 에베소는 사도 바울이 세 번씩이나 전도여행 차 머물렀고, 제3차 선교여행 때에는 2년이나 머물며 두란노서원 등에서 열정을 다하여 사역했던 중요한 곳입니다.

그러나 잦은 지진과 태풍 등으로 인한 퇴적작용으로 대부분의 건물들이 파괴되면서 고대도시의 영화는 역사 속으로 사라진 도시가 되었습니다.

에베소 교회의 설립 배경은 사도행전 18장~20장에 자세히 나와 있습니다.

바울이 제2차 전도 여행 때 에베소에 잠시 머물렀고, 이 때 아굴라와 브리스길라 부부도 함께 있었습니다. 그 후 바울이 잠시 에베소를 떠났다가 제3차 전도 여행 때에 다시 에베소를 찾았습니다. 이 때 바울은 에베소에서 삼 년간 머물면서 본격적인 복음사역을 펼친 결과 에베소교회가 세워졌습니다.

바울의 전도 여정 가운데 가장 오래 사역했던 곳이 바로 에베소였습니다.

처음에 바울은 회당에서 복음을 전했습니다. 그러나 그가 전하는 도에 대해서 강하게 반대하는 유대인들 때문에 회당에서 두란노 서원으로 자리를 옮겼습니다. 바울은 두란노 서원에서 두 해 동안 복음을 전했습니다.

설교를 위한 관점

에베소 교회에 주신 예수님의 말씀은 짧고 강력했습니다.

4~5절 "그러나 너를 책망할 것이 있나니 너의 처음 사랑을 버렸느니라 그러므로 어디서 떨어졌는지를 생각하고 회개하여 처음 행위

를 가지라 그리하지 아니하고 회개하지 아니하면 내가 네게 가서 네 촛대를 그 자리에서 옮기리라"

* 에베소 교회를 향한 첫 음성은 너를 책망할 것이 있다는 것입니다. 여기서 책망이란 어떤 결과를 가지고 화를 내시는 모습입니다. 일부러 계획적으로 야단을 치시는 모습입니다.

예수님께서 야단치시는 모습이 상상이 되십니까?
이런 예수님의 모습을 에베소 교인들은 어떻게 받아들였을까요?
왜 예수님은 에베소 교회를 향하여 화가 나신 것입니까?

4절에 예수님께서 야단치시는 이유가 나와 있습니다.

" 너의 처음 사랑을 버렸느니라"

에베소 교인들이 버린 처음 사랑이란 어떤 사랑입니까? 이들이 버린 처음 사랑이 얼마나 귀중한 것이기에 예수님께서 직접 나서서 야단을 치시는 것일까요?
에베소 교회는 어쩌다 처음 사랑을 잃어버려서 이런 책망을 받는 것일까요?

예수님은 단단히 화가 나셨습니다.

5절을 보면 에베소 교인들이 순순히 회개하지 않으면 예수님께서 직접 가셔서 "네 촛대를 그 자리에서 옮기시겠다"고 합니다.

예수님께서 말씀하시는 촛대는 무엇입니까?

그 촛대가 얼마나 대단한 것이기에 예수님께서 촛대를 말씀하시면서 에베소 교회를 책망하시는 것일까요? 이 촛대가 옮겨지면 에베소 교회는 어떻게 되며, 그 촛대를 어디로 옮기시겠다는 것입니까?

* 에베소 교회는 책망도 있지만 칭찬이 더 많은 교회입니다.

" 내가 네 행위와 수고와 네 인내를 알고 또 악한 자들을 용납하지 아니한 것과 자칭 사도라 하되 아닌 자들을 시험하여 그의 거짓된 것을 네가 드러낸 것과 또 네가 참고 내 이름을 위하여 견디고 게으르지 아니한 것을 아노라"(2~3절)

예수님은 에베소 교인들이 악한 자들을 용납하지 않고 인내로써 교회를 지킨 수고를 알고 계셨습니다. 또한 악한 자들과 싸우기 위해서 부지런히 행동한 것도 알고 인정하셨습니다.

특히 "자칭 사도라 하되 아닌 자들을 시험하여 그의 거짓된 것을 네가 드러낸 것"을 칭찬하셨습니다. 이는 에베소 교회에 침투한 악한 세력, 이단들로부터 교회를 지키기 위해서 노력한 것을 알아 주신 것입니다.

이런 에베소 교인들이 처음 사랑을 버려서 책망의 대상이 되었다는 것은 쉽게 믿기지 않는 일입니다.

이들이 받은 칭찬들을 주목해 보십시오!

이들은 믿음을 지키고 교회를 지키기 위해서 깨어있었습니다. 예수님께서도 "내가 알고 있고, 기억하고 있다"고 여러 번에 걸쳐 강조하셨습니다.

그럼 이들이 버린 처음 사랑은 도대체 무엇입니까?

하나님의 목적으로 해결

에베소 교회를 찾아오신 예수님의 모습이 1절에 나타납니다.

"오른 손에 일곱 별을 붙잡고 일곱 금 촛대 사이를 거니시는 이가 이르시되"

* 오른 손에 일곱 별을 붙잡고 계셨습니다.

여기서 일곱 별은 일곱 교회의 사자요, 일곱 촛대는 일곱 교회입니다(1:20). 예수님은 모든 교회와 그의 사자들을 오른 손에 쥐고 계셨습니다. 이는 모든 교회와 사자들의 형편과 처지를 손을 들여다보듯이 전부 다 알고 계시다는 증거입니다.

* 일곱 별과 일곱 촛대 사이를 거닐고 계셨습니다.

예수님께서는 자신의 손에 붙잡힌 교회와 사자들을 살피시기 위해서 모든 교회들을 직접 심방하셨습니다. 이 예수님의 눈을 피할 자는 아무도 없습니다.

예수님의 에베소 교회를 향한 책망은 친히 다니시면서 살피신 결과이기 때문에 정확합니다. 에베소 교회가 처음 사랑을 버린 것을 예수님이 직접 확인하신 결과이기에 틀림이 없었습니다. 그렇다면 이들이 버린 처음 사랑은 무엇이기에 예수님이 친히 심방까지 하셔서 확인하시고 책망하시는 것입니까?

에베소 교회가 교회의 본질을 버렸다는 뜻입니다. 교회의 본질은 예수님의 사랑입니다. 교회는 예수님의 사랑으로 시작하고 예수님의 사랑으로 진행하는 곳입니다. 이 예수님의 사랑이 처음 사랑입니다!

에베소 교회는 칭찬할 만한 교회임이 틀림없습니다. 하지만 신앙을 지키기 위해서 너무 열심히 하다 보니 예수님의 사랑을 잃어버렸습니다. 예수님의 사랑보다 신앙의 열정이 앞선 것입니다. 교회의 목적을 잃어버렸습니다. 예수님의 사랑은 없고 날 선 신앙의 열정만이 교회에 가득했습니다.

그래서 예수님은 에베소 교회가 예수님이 세우신 교회의 본질을 이탈했기에 경고하시려고 찾아가셨습니다. 그리고 빨리 돌이키지 않으면 네 자리에서 촛대를 옮기시겠다고 경고하십니다.

촛대는 예수님(교회)이십니다.
촛대를 옮기시겠다는 말은 에베소 교회를 예수님의 교회로 더 이상 인정할 수 없다는 뜻입니다! 예수님이 에베소 교회를 떠나시고 버리시겠다는 안타까운 심정을 전하셨습니다.

예수님이 떠난 교회는 상상할 수도 없습니다!

* 그래서 예수님은 에베소 교회를 살리시려고 처방을 주셨습니다 (5절).

"그러므로 어디서 떨어졌는지를 생각하고 회개하여 처음 행위를 가지라 만일 그리하지 아니하고 회개하지 아니하면 내가 네게 가서 네 촛대를 그 자리에서 옮기리라"

1. 어디서 떨어졌는지 원인을 찾으라 하셨습니다.

문제의 원인을 찾아야 해결을 시작할 수 있습니다. 어디서부터 문제가 시작되었는지를 진단하고 점검하는 것은 최악을 대비하는 지혜로운 행동입니다.

2. 회개함으로 원인을 제거하라고 하셨습니다.

철저하게 잘못을 인정하는 것이 회개입니다. 철저한 회개만이 다시 시작할 수 있는 기회를 얻을 수 있습니다. 회개는 원인을 근본적으로 제거하는 것입니다. 원인이 제거되지 않으면 똑같은 실수는 되풀이 될 수밖에 없습니다.

3. 처음 행위를 촉구하셨습니다.

교회의 본질을 회복하라는 촉구입니다. 교회의 본질은 예수님의 십자가 사랑입니다. 이것이 처음 사랑입니다. 이것이 첫 신앙입니다. 이는 예수님이 떠나시지 않도록 붙들라는 음성입니다.

   4. 에베소 교인들이 어서 처음 사랑을 회복하도록 격려하셨습니다 (6절).

니골라당의 행위를 미워하는 예수님의 마음을 보이시면서 에베소 교인들이 이 격려에 힘입어 어서 회복되기를 바라셨습니다. 잘하는 부분은 더 잘하라고 하시면서 처음 사랑만 회복하면 더 큰 복이 임함을 알게 하셨습니다.

관점으로 청중적용

사랑하는 여러분!

1. 지금 우리교회의 모습은 어떻습니까?

지금 우리의 열심과 수고는 무엇을 위한 것입니까?
  예수님께서는 우리교회를 거니시면서 무슨 말씀을 하시고 싶으실까요? 그런 일이 있으면 안 되겠지만 혹시라도 예수님께서 더 이상 계실 수 없어 떠나고 싶은 교회의 모습이 우리에게 있지는 않을까요?

이제 우리교회의 모습도 점검할 때입니다.

모든 기관들과 여러 모임들, 각 목장과 당회와 제직회를 돌아보시기를 바랍니다. 교회 이름으로 행하는 모든 모임과 행사들을 점검해 보시기를 바랍니다. 예수님이 보시면 어떤 말씀을 하실지 지금 살피지 않으면 안 됩니다.

2. 예수님은 처음 사랑을 버리면 그 교회를 떠나십니다.

교회의 본질을 버리면 그 교회는 더 이상 예수님의 교회로 인정하시지 않습니다. 그 어떤 교회도 예수님의 눈을 피할 수는 없습니다.

1) 교회는 예수님의 사랑으로 충만해야 합니다.
예수님의 사랑은 교회가 존재하는 이유입니다. 교회가 움직이는 모든 곳에는 예수님의 사랑으로 충만해야 합니다! 예수님의 사랑이 충만하지 않으면 그 어떤 수고와 노력도 허사입니다. 우리 교회 안에 예수님의 사랑을 충만하게 해야 합니다.

2) 처음 사랑을 지속하기 위해서 계속해서 회개해야 합니다.
문제는 언제나 일어날 수 있습니다. 하지만 그 문제의 원인을 분석하고 점검하는 일을 놓쳐버리면 더 큰 문제를 일으킵니다. 문제의 원인을 찾아서 즉시 회개함으로 바로 잡아야 처음사랑을 유지할 수 있습니다. 절대 그냥 넘어가서는 안 됩니다.
철저하게 회개하는 것만이 교회가 살 길입니다.

3) 예수님은 회복된 교회를 통하여 온전한 구원을 이루십니다!

7절에 "이기는 그에게는 내가 하나님의 낙원에 있는 생명나무의 열매를 주어 먹게 하리라"

"이기는 그에게", 즉 본질을 회복한 그 교회와 성도들에게 하나님은 낙원의 생명 열매를 주십니다. 그 교회를 통하여 구원의 완성을 끝까지 이루어 가십니다.
이 교회가 예수님께서 거하시는 교회입니다.

관점으로 청중결단

"귀 있는 자는 처음 사랑을 회복하라고 성령이 교회들에게 하시는 말씀을 들을지어다"

오늘 이 말씀을 성령께서 우리교회와 나를 향하신 경고의 말씀으로 들어야 합니다!
우리교회부터 예수님의 사랑으로 다시 일어납시다!
예수님의 사랑이 가득한 교회,
예수님의 사랑이 충만한 교회,
누가 와도 예수님의 사랑을 느낄 수 있는 교회를 이루어 갑시다!

내가 예수님의 사랑으로 충만해야 가능합니다!
내가 처음 사랑을 찾으면 됩니다!

이 시간 나를 예수님의 사랑으로 다시 회복시켜 주옵소서!
뜨거운 가슴으로 간절한 심정으로 예수님의 사랑을 채웁시다!!!

예수님의 사랑으로 서로를 격려합시다!
반갑게 인사하고 사랑이 담긴 격려로 예수님의 사랑이 충만한 교회를 만듭니다!!!

예수님께서 말씀하시는 촛대는 무엇입니까? 그 촛대가 얼마나 대단한 것이기에 예수님께서 촛대를 말씀하시면서 에베소 교회를 책망하시는 것일까요?

네가 죽도록 충성하라　**Faithful**

마귀가 장차 너희 가운데서 몇 사람을 옥에 던져 시험을 받게 하리니 너희가 십 일 동안 환난을 받으리라 네가 죽도록 충성하라 그리하면 내가 생명의 관을 네게 주리라(10절)

CHAPTER 02

죽음에
직면했을 때도

계 2:8~11

서머나는 에베소 북쪽 약 80km 지점에 위치해 있었고, 당시 인구가 약 20~30만 정도로 소아시아 지역에서 가장 아름다운 항구 도시였습니다. 서머나는 아시아 무역의 관문으로 활발하게 무역활동이 이루어지는 도시였으며, 학문 특히 과학과 의술이 발달한 도시였습니다.

또한 서머나는 이교 문화와 종교의 중심지로 황제 숭배의 심장부이기도 했습니다. 당시 서머나는 로마에 충성을 다하는 도시로서 인정을 받아 티베리우스 신전을 세우기 위해 뽑힌 도시이기도 했습니다.

하지만 서머나 교회 성도들은 황제숭배를 거부하고 황제를 섬기는 신전에 내야하는 돈을 내지 아니함으로 엄청난 미움과 박해를 받왔습니다. 당시 경제활동을 위한 상인들의 조합인 길드 조직이 있었는데 기독교인들은 이 길드 조직에 가입할 수 없었습니다.

이 길드는 우상에게 제사하는 집단이었기에 기독교인들은 신앙을 이유로 가입하지 않음으로 아주 극심한 경제적 어려움을 감내해야 했습니다. 한 마디로 서머나 교회는 환란과 핍박과 궁핍으로 점철된 교회였습니다. 주님께서도 이런 사실을 잘 알고 계셨습니다.

"내가 네 환란과 궁핍을 알거니와 실상은 네가 부요한 자니라 자칭 유대인이라 하는 자들의 비방도 알거니와 실상은 유대인이 아니요 사탄의 회당이라"(9절)

예수님께서 서머나 교회의 환란과 궁핍을 아신다니 정말 다행스런 일입니다. 예수님께서 서머나 교회의 환란과 궁핍을 아시니 이제 해결을 해 주신다면 얼마나 큰 위로와 힘이 되겠습니까!

그런데 예수님은 서머나 교회의 형편을 아신다 하시면서 해결은커녕 아무런 조치도 하지 않으시고 도리어 더 큰 문제가 일어날 것만을 말씀하십니다!

"너는 장차 받을 고난을 두려워하지 말라 볼지어다 마귀가 장차 너희 가운데 몇 사람을 옥에 던져 시험을 받게 하리니 십 일 동안 환란을 받으리라 네가 죽도록 충성하라 그리하면 내가 생명의 관을 네게 주리라"(10절)

 * 장차 고난이 올 것이니 두려워하지 말라고 하십니다.

지금 당하고 있는 고난도 힘들어서 쓰러질 지경인데 당면한 문제는 외면하시고 무슨 고난을 또 당하라고 하시는 것입니까?

* 이들이 장차 받을 고난의 내용이 나옵니다.

마귀가 서머나 교회의 몇 사람을 옥에 던져서 얼마 동안 시험을 받게 한다니 이런 사실을 아시는 예수님은 어째서 말씀만 하시고 그냥 당하라 하시는지 이해 할 수 없는 상황입니다.

* 더 냉정하신 예수님의 모습도 보입니다.

이런 상황에서 죽도록 충성하라는 요구를 하십니다. 여기서 "죽도록"이란 말은 설사 지금 당하는 고난으로 인하여 네가 죽음 앞에 직면할지라도 "충성하라"는 말씀으로, 고난 받는 일을 도중에 절대로 포기해서는 안 된다는 말입니다.

설교를 위한 관점

어떻게 이런 지독한 말씀을 하실 수가 있습니까!

고난이 오면 피할 길을 주시든지 해결할 수 있는 방법을 가르쳐 주셔야 합니다. 어떤 고난 앞에서도 피하지 말고 죽기를 각오하고 고난을 당하라니 이럴 수는 없습니다!

결국 예수님은 죽도록 고난 당하는 서머나 교회 성도들을 그냥 지켜보시기만 하겠다는 말이 아닙니까!

이런 서머나 교회를 향한 예수님의 모습은 너무 냉정하십니다! 서머나 교회 교인들은 이런 예수님의 모습을 어떻게 생각했을까요?
자신들의 고통을 너무 잘 아시면서 그냥 지켜만 보시는 예수님에 대한 원망과 불평은 없었을까요? 여러분 같으면 이런 상황에서 어떤 생각을 하셨겠습니까?

서머나 교회를 향하신 예수님의 말씀을 자세히 보면 서머나 교회 교인들을 향한 책망이나 꾸지람이 전혀 없음을 발견할 수 있습니다.
그렇다면 예수님이 하신 말씀이 다소 야속하게 들릴지라도 이 모든 것이 서머나 교회 교인들을 향하신 예수님의 특별한 목적이 있는 말씀으로 들어야 합니다.

그렇다면 고난 앞에서 죽도록 충성을 요구하시는 예수님의 의도는 무엇일까요?

하나님의 목적으로 해결

8절은 서머나 교회를 찾아오신 예수님입니다.

"처음이며 마지막이요 죽었다가 살아나신 이가 이르시되"

예수님께서 처음이요 마지막이시라는 말씀은,
우리가 흔히 말하는 알파와 오메가, 즉 모든 것의 시작과 진행과 마침이 되시는 하나님이십니다.

예수님을 죽었다가 살아나신 이라고 한 것은,
예수님께서도 십자가의 고난을 당하셨음을 보여주시려는 것입니다.

예수님께서 이런 모습으로 찾아오신 것은,
서머나 교회의 실상을 너무도 잘 아시기에 고난을 이기시고 부활하신 예수님의 모습을 보여 주시면서 이들이 어떤 상황에서도 믿음을 잃지 않고 죽도록 충성할 수 있도록 격려와 힘을 부어 주시려는 것입니다!
네가 죽도록 충성하라!
이는 죽음 앞에서라도 예수님을 바라보면서 믿음을 저버리지 말라는 예수님의 격려와 응원입니다!

"나를 보면서 현재의 고난을 이겨라! 반드시 마지막은 승리다!"

서머나 교회를 향한 예수님의 격려입니다.

1. 네가 환란과 궁핍을 알거니와 실상은 부요한 자라.

예수님께서는 서머나 교회 성도들이 비록 물질로는 극한 어려움을 겪고 있지만 그들의 믿음과 영성은 이 땅의 어떤 부자(물질)와도 비교할 수 없을 만큼 부요한 자임을 인정하셨습니다.

2. 자칭 유대인이라 하는 자들의 비방을 알거니와 실상은 유대인이 아니요 사탄의 회당이라.

자칭 유대인이란, A D 70년 예루살렘 함락을 기점으로 서머나로 이주 해 온 유대인 집단을 이르는 말입니다.
이들은 주로 회당을 중심으로 세력을 확장시키면서 로마정부와 손잡고 순수한 그리스도인들을 핍박했습니다. 실제로 서머나 교회 감독이었던 폴리갑과 빌라델비아 교인 11명을 화형 시킨 장본인들이기도 합니다.
예수님은 교회와 성도를 대적하는 이들의 정체를 다시 확인시켜 주심으로 서머나 교회가 이들을 반드시 이겨내라고 격려하셨습니다.

3. 장차 받을 고난을 두려워하지 말라 너희가 십일 동안 시험을 받으리라.

십일 동안이란, 환란의 끝은 길지 않다고 용기와 힘을 주셨습니다. "열흘만 참으면 된다. 잠시만, 조금만 견디라"고 친히 응원하셨습니다.

4. 생명의 관을 네게 주리라.

고난의 결과는 복입니다! 영생의 복이 고난의 면류관입니다!
그러기에 반드시 이겨야 할 고난입니다!

5. 이기는 자는 둘째 사망의 해를 받지 않으리라.

둘째 사망이란 영원한 죽음, 즉 지옥에 던져지는 것입니다!
고난을 이기고 영생을 누리는 것이 잠깐의 즐거움을 누리다 지옥에 던져지는 것과는 비교될 수 없는 복입니다.

관점을 중심으로 청중적용

사랑하는 여러분!

1. 고난과 환란이 우리의 신앙을 무너뜨리려고 합니다.

고난과 환란을 당할 때 신앙의 위기도 함께 옵니다.
고난의 정체는 물질인데 흔들리는 것은 신앙입니다.
고난의 정체는 사람인데 신앙이 위기를 당합니다.
고난의 정체는 질병인데 넘어지는 것은 신앙입니다.

이유는 사탄이 고난과 환란을 빌미로 신앙을 위협하기 때문입니다. 하지만 그 고난의 순간에 우리는 이 사실을 잊어버립니다.
사탄의 미혹을 전혀 알지 못합니다. 문제의 원인을 주변에서 찾습니다. 그러다보니 신앙이 흔들리고 더 심각한 문제를 만드는 것이 우리의 현실입니다. 우리는 이런 경험을 다 가지고 있습니다. 때로는 이런 경우가 반복되기도 합니다. 이것이 우리의 문제입니다!

예수님도 고난을 당하셨습니다! 하지만 예수님은 죽음 앞에서 나를 생각하시며 흔들리지 않으셨습니다! 이 예수님을 바라보지 못하면 고난은 나를 더 큰 곤경에 빠트리기도 합니다.

2. 죽음 앞에 설지라도 믿음을 지켜야 합니다. 이것이 죽도록 충성하는 것입니다. 죽음의 그림자가 나를 위협할지라도 예수님을 바라보며 흔들리지 않아야 신앙입니다!

이기는 것이 신앙입니다! 믿음은 이기는 것입니다!
예수님은 죽음을 이기신 분입니다! 우리는 그분을 믿고 신앙하는 자들입니다! 그러므로 죽음이 내 앞을 가로 막을지라도 우리는 믿음으로 이겨야 합니다!

런던 미술관에 있는 "충성"이라는 제목의 그림이 있습니다.
AD 79년 이탈리아 폼페이 근처 베스비우스 산이 용암을 분출하여 폼페이 시 전체가 폐허가 되었습니다. 그 후에 고고학자들이 도시를 발굴하던 중 가슴 뭉클한 모습을 발견했습니다.
성의 문을 지키던 보초병이었습니다. 그는 용암이 분출하던 그 시간에도 무기를 손에 들고 선 그대로 타버려 재로 굳어져 있었습니다. 이 광경을 소재로 그린 그림입니다.

이것이 예수님이 말씀하시는 충성입니다!

예수님은 나를 격려하고 응원하십니다!
나를 향하여 예수님의 온 몸을 보이시며 이기라 하십니다!

"내 너를 위하여 몸 버려 피 흘려 살길을 주었다."

1) 고난은 잠깐입니다.
우리가 당하는 고난은 끝이 있는 고난입니다. 열흘만 참으면 됩니다. 아주 잠깐만 견디면 됩니다. 우리가 받는 고난은 육신은 괴롭혀도 영혼은 어찌할 수 없는 고난입니다.

2) 고난을 이긴 자는 복이 있습니다.
예수님께서 준비하신 면류관이 있습니다. 이 복은 현세와 내세에 모두 받습니다. 우리가 고난을 받을수록 복도 더 많이 주어집니다. 믿음의 사람들은 모두가 장차 받을 영광을 바라보며 고난을 이겨냈습니다.

3) 사탄의 회당은 둘째 사망이 기다립니다.
지옥에 던져질 자들의 아우성에 흔들리지 마십시오! 귀 있는 자들은 성령이 교회들에게 하시는 음성만을 들어야 합니다. 저들의 결과는 예수님께서 반드시 지옥의 형벌로 갚아 주십니다!

관점으로 청중결단

우리도 끝까지 시험을 이겨봅시다!
사도요한의 제자이며 서머나 교회의 초대 감독이었던 폴리갑의 말을 알고 있습니까!

화형장의 이슬로 사라지면서 그는 다음과 같은 말을 던졌습니다.
"주님께서 한 번도 나를 모른다고 하신 적이 없는데 내가 어찌 고난이 두려워서 예수님을 모른다고 할 수 있는가!"

시험을 이기려면, 평소 신앙 관리를 잘해야 합니다.

크고 작은 시험 앞에 무너지지 마십시오!
예수님을 생각해야 이길 수 있습니다.
예수님이 주실 상급을 바라볼 때 이길 수 있습니다.
나를 향한 예수님의 격려와 응원이 있습니다.

우리교회를 시험을 이기는 교회로 만들어 봅시다!

초대 교회사에 나오는 위대한 순교 사화입니다.
로마 교회의 식스투스 감독은 경건하고 인자하여 그의 목회에 감동받은 수많은 사람들이 그를 따랐습니다. 그는 빈민 구제와 사랑을 실천하여 존경을 받았습니다.

당시에 발레리아누스 황제는 그를 처형하라고 하였습니다. 그는 조용히 순교의 길을 걸어갔습니다. 식스투스 감독이 사형장에 끌려갈 때 라우렌티우스 집사가 식스투스의 뒤를 따라가면서 말합니다.

"아버지여, 당신께서 제단으로 나아가실 때 늘 저에게 도움을 청하시지 않으셨습니까? 어찌하여 지금은 저를 데려가지 않으십니까?"

눈물을 흘리며 이렇게 말할 때 식스투스는 "사랑하는 아들아, 너도 며칠 후면 나의 뒤를 따르게 되리라"고 대답하였습니다.

라우렌티우스 집사는 당시에 식스투스 감독의 교회 수석 집사로 거대한 교회의 재산을 관리하고 있었습니다. 이 막대한 재산을 알게 된 로마 시장은 교회의 모든 재산을 상납토록 명령을 내렸습니다.

라우렌티우스 집사는 교회 재산을 정리하겠다는 구실을 내세워 상납 일을 연기하도록 허락받고 교회당의 모든 보물을 다 팔았습니다. 그리고 교회에 의존하고 있는 수천 명의 민중들에게 모두 나누어 주었습니다. 그리고 교회당에 그 사람들을 모집하였습니다.

약속한 날 시장이 교회당으로 올라오면서 "보물은 어디에 있느냐?"라고 물었습니다. 그리고 교회의 문을 열라고 명령하였습니다.

그때 라우렌티우스 집사는 교회당 문을 활짝 열고 소경, 벙어리, 걸인, 병자, 고아, 과부의 무리를 가리키며 "교회의 보물이 여기 있습니다"라고 말했습니다.

이 얼마나 감동적인 이야기입니까?

Against

네게 책망

그러나 네게 두어 가지 책망할 것이 있나니 거기 네게 발람의 교훈을 지키는 자들이 있도다 발람이 발락을 가르쳐 이스라엘 자손 앞에 걸림돌을 놓아 우상의 제물을 먹게 하였고 또 행음하게 하였느니라(14절).

CHAPTER 03

외유내강
계 2:12~17

찬송가 작곡가로 유명한 보너가 어느 날 꿈을 꾸었습니다. 그 꿈이 하도 이상해서 꿈을 깬 후에도 정신을 바짝 차렸다고 합니다.

꿈속에서 천사가 나타나 보너에게 저울을 보라고 했습니다. 가만히 들여다보니 그 저울은 사람의 최선을 다는 저울이었습니다.

"아! 나의 열심이 100근이나 되다니!"
그는 기뻐서 어쩔 줄을 몰랐습니다. 그런데 다시 소리가 이어졌습니다.
"이기심 때문에 나타난 열심 14근, 파당적인 열심 15근, 명예 때문에 나타난 열심 22근, 사람을 사랑해서 나타난 열심 23근, 나머지 26

근만이 하나님을 향한 열심."

잠에서 깨어난 보너는 무릎을 꿇고 지금까지 자신의 생각과 욕심대로 살아왔던 것을 눈물로 회개했습니다.

나는 지금 신앙생활을 바로 하는가?
내 신앙의 무게는 얼마나 될까?
우리도 한 번쯤은 생각할 시간이 필요합니다.

오늘 소개하려는 버가모 교회는 몇 가지의 특징이 있는 교회입니다.

첫 번째 특징은 로마 정부가 행정자치권을 인정해줄 만큼 특별한 도시였으며 더욱이 사형집행권을 허락한 도시였습니다. 로마가 자치 행정권을 줌과 동시에 사법권까지 같이 준 것입니다. 당시 버가모 지역에는 분봉 왕이 다스리고 있었습니다.

두 번째 특징은 헬라문화 중심적으로 움직이던 지역이었습니다.
여러분들의 머릿속에 있는 그리스 신들…(비너스, 제우스 등등). 이 이교의 신들이 이 버가모 지역에 전부 집합해 있었습니다. 그래서 예수님은 이 버가모를 가리켜 사탄의 위, 사탄의 자리가 있는 곳이라 말씀하셨습니다.
쉽게 말하면 모든 이방 종교의 우상들, 사단, 마귀의 권세가 버가모 지역에 득실거렸습니다.

버가모는 이렇게 로마로부터의 행정과 사법을 가진 일반적인 외압과 이방 신전과 종교들이 총 집합해 종교적인 외압이 공존하던 곳입니다. 이 두 외압 사이에서 버가모 교회가 존재하고 있었습니다. 특히 당시에는 황제가 자신을 신처럼 숭배하라고 강요하던 시절이었습니다.

버가모 교회의 감독이었던 안디바는 이곳에서 순교를 당했습니다.

황제숭배를 거부하다가 놋으로 만든 황소를 벌겋게 달구어 버가모 감독 안디바를 말을 타듯이 그 황소 위에 앉혔습니다.
여러분, 상상이 되십니까? 앉자마자 산 채로 엉덩이가 이글이글…. 사람들이 보는 앞에서 그는 그렇게 순교의 제물이 되었습니다. 이런 엄청난 소용돌이 속에서 주님은 이 버가모 교회를 칭찬했습니다.

"내가 어디서 사는지를 내가 아노니 그곳은 사탄의 권좌가 있는 데라 내 이름을 굳게 잡아 나를 믿는 믿음을 저버리지 않았다"(13절)

이방문화를 손에 쥔 권력자들이 황제숭배와 우상 문화를 앞세워서 그리스도인들을 핍박했습니다. 당시는 사형을 집행하려면 로마로 압송을 하거나 황제에게 승인을 얻는 절차가 필요했는데 이 버가모 교회가 있던 지역은 예외였습니다. 그리스도인들이 잡히면 잡히는 족족 그 자리에서 죽여 버렸습니다.
이런 당시의 상황으로 볼 때 예수님의 이런 칭찬은 버가모 교회가 얼마나 믿음으로 서 있는 교회인가를 알게 합니다.

당시 그리스도인들이 믿음을 지키고 신앙으로 산다는 것은 목숨을 내어 놓는 일이었고, 하나님 앞에 생명을 바치지 않으면 어려운 일이었습니다.

이런 상황에서 버가모 교회가 순교자를 내고 순교적 신앙을 가졌으니 주님이 얼마나 버가모 교회를 칭찬하고 싶으셨겠습니까? 여러분 우리 교회도 우리 모습도 이런 버가모 교회와 같은 신앙을 가져야 할 줄 믿습니다.

설교를 위한 관점

하지만 14절을 보면 이런 버가모 교회를 향하여 두어 가지 책망할 것이 있다고 합니다.

첫째는 발람의 교훈을 지키는 자가 있었습니다.

하나님의 선지자가 거짓 선지자로 돌변해서 백성들을 타락시키고 백성들을 하나님 앞에 범죄하게 하는 사건이 있었습니다. 주님은 이 사건으로 인해서 발람과 그의 어둠의 권세에 유혹당한 자들을 한꺼번에 쓸어버렸습니다.

그런데 이 모습이 버가모 교회 안에 있다는 것입니다.

버가모 교회의 교인 중에 발람처럼 잘못되고 이상한 신앙을 강조하고 우상의 제물을 먹게 함으로 백성들을 영적으로 행음하게 하는 이런 사람들이 교회 안에 존재하고 있었습니다.

여기서 "행음"이란 육체적인 음란보다는 영적인 행음을 말합니다. 다시 말해서 신앙을 변질시키고 버가모 교회 교인들의 영적 삶을 어지럽히고 있는 자들입니다.

둘째는 니골라 당의 교훈을 지키는 자들이 있었습니다(15절).

니골라 당이 누구입니까? 영지주의자들입니다.
영지주의자들은 이원론적 사상을 가진 자들입니다. 영적인 것은 경건하고 깨끗하나 육적인 것은 더럽고 추하다는 사상입니다. 즉 영적인 신령한 삶을 가진 자들은 육체는 아무렇게나 살아도 된다고 하는 자들입니다. 한마디로 진리가 아닌 다른 신앙을 따르는 자들입니다.

버가모 교회 안에 이런 자들이 있다니 이상하지 않습니까?
순교자를 낼 정도로 대단한 교회가 교회 안에 이상한 무리들을 두고 있다니 무엇인가 앞뒤가 맞지 않는 이야기입니다!

왜 이런 자들이 다른 교회도 아닌 순교자를 배출하던 버가모 교회 안에 있었을까요?
버가모 교인들은 왜 이들을 그냥 두어서 예수님의 책망을 받는 것일까요?

하나님의 목적으로 해결

사람들의 눈에 보이는 버가모 교회는 외부에서 핍박이 오고, 외부에서 시련이 왔을 때 믿음을 잘도 지켰습니다. 예수님이 보실 때도 버가모 교인들은 목숨을 걸고 순교적인 신앙으로 외부의 문제들을 이겨냈습니다.

하지만 예수님의 눈에 버가모 교회의 실상이 드러났습니다.

거짓말쟁이, 영적으로 문제를 일으키는 자들, 영적으로 잘못된 사상을 가지고 교인들을 어지럽히던 문제의 교인들이 예배당 안에 있는데도 그 사람들을 버가모 교인들이 해결하지 못하고 있습니다.
외적으로는 강하고 힘 있는 자처럼 보였는데, 아무런 문제가 없는 듯 보였는데, 그 속은 썩어가고 있었습니다. 교회가 내적으로 병들어 심각한 지경이었습니다.

"외유내강"이란 말이 있습니다. 밖으로는 부드럽고 안으로는 강직한 사람을 뜻합니다. 자기를 잘 다스리고 자기를 잘 세우면서 모든 사람들 앞에서는 부드럽고 유한 군자의 모습을 말합니다.

그런데 버가모 교회는 거꾸로 되었습니다.

외강내유! 외적(외강)으로는 강한 사람처럼 보였지만, 안에는(내유) 여기저기서 뿌리가 뽑힐 지경이 버가모 교회의 실체였습니다.
그래서 주님은 버가모 교회를 찾아 오셨습니다.

1. 회개를 촉구하셨습니다!(16절)

여기서 "회개하라"는 말은 청소하라는 말입니다. 지금 문제가 있는 부분을 빨리 깨끗하게 청소하라는 것입니다. 발람의 교훈을 좇아가는 자, 니골라 당의 교훈을 좇아가는 자들을 뽑아내서 청소하라는 것입니다.

이것이 회개입니다. 지금 어디서 균열이 가고 있는지, 지금 어디서 흔들리는지, 어디서 썩어가는 지를 근본적으로 찾아내서 깨끗하게 청소하라고 하셨습니다.

2. 날선 검을 가지고 찾아오셨습니다(16절).

날선 칼로 도려내야 할 자들이 있기 때문입니다. 예수님이 날선 검으로 도려내야 할 자들은 회개의 기회를 낭비한 자들입니다. 회개의 음성을 무시한 자들입니다.

3. 그들과 직접 싸우겠다고 하십니다(16절).

그들은 누구입니까? 예수님의 음성을 듣고도 꼼짝도 하지 않은 자들입니다. 교회 밖의 사람들이 아닙니다. 불신자가 아닙니다. 버가모 교회 교인들입니다.

관점으로 청중적용

성도 여러분! 오늘 우리도 이 말씀을 주목해야 합니다.

1. 우리 주변에도 버가모 교회 같은 교회가 있습니다.

외형적으로는 전혀 문제가 없는 것처럼 보이는 교회들과 성도들이 적지 않기 때문입니다.

분명 교회의 모습을 가졌지만 그 안에 예수님이 지적하신 무리들이 있습니다. 웅장한 건물과 많은 무리들이 모여서 제법 신앙의 흉내를 내는 것처럼 보이지만 그 안에는 발람의 교훈을 따랐던 자들처럼 배교의 길을 가는 자들이 있습니다.

전혀 다른 교훈을 고집하는 자들이 있습니다. 예수님이 아닌 전혀 다른 것을 섬기며 교인들을 행음하게 하는 무리들이 있습니다. 청소의 대상입니다. 우리는 이들을 찾아서 도려내야 합니다.

2. 교회만 아니라 내 신앙도 살펴야 합니다.

신앙은 무늬만 가지고 되는 게 아닙니다.
신앙은 삶입니다. 신앙은 영적 내용이 중요합니다.
신앙은 생명입니다. 살아있기에 문제가 생길 수 있습니다.

죽은 것은 문제가 없습니다. 살아있기 때문에 문제가 생기는 것이 당연합니다. 살아있기 때문에 감기도 걸리고, 살아있기 때문에 상처도 나고, 살아있기 때문에 여기저기에서 문제가 생깁니다.

하지만 그 문제들이 문제가 되지 않으려면 문제가 생겼을 때 빨리 치료하고 그 상처들을 고쳐야 됩니다. 만일 그것을 수수방관하고 내버려둔 채 자기 신앙의 경륜만을 내세우면 예수님께서 가만히 계시지 않으십니다.

그래도 내가 장로인데, 내가 집사인데…. 여러분 안에 있는 문제들를 그대로 방치한다면 주님이 속히 내게로 와서 "내가 너와 싸워야겠다"는 심판의 목소리를 피할 수 없습니다.

3. 어떻게 해야 합니까?

우리 모두 냉정하게 자신을 돌아보아야 합니다.
과연 지금 내 안에 문제는 없는가? 감추어진 내 안의 모습을 예수님께서 보신다면 뭐라 하실까? 드러난 내 모습과 감추어진 내 모습은 다르지 않은가?
혹시 무늬만 그리스도인이 아닌지 우리 자신을 주님 앞에 벌거벗겨 놓아야 합니다. 곁으로 보아서는 모릅니다.

1) 예수님의 눈으로 자신을 살피십시오!
내 기준으로 평가해서는 안 됩니다. 날 선 검을 가지신 예수님의 눈으로 점검을 받아야 합니다. 자신을 향하여 관용하고 자비로운 사람은 예수님의 눈에 날 선 검을 사용해야 할 자가 될 수도 있습니다.

2) 발람의 교훈을 버리십시오!
잘못된 신앙과 세상과 타협하는 신앙을 청산해야 합니다.
세상과 교회에 한 발씩 적당히 걸치고 자기중심적으로 신앙의 무늬만 내세우는 버릇을 고쳐야 합니다. 자기만의 고집스러운 생각, 자기만의 고집스러운 무엇을 붙들고 그것을 최고로 여기면서 살아가는 어리석은 모습을 버려야 합니다. 자기를 보지 못하는 영적인 소경된 모습을 청산해야 합니다.

3) 회개의 기회가 있기에 아직은 소망이 있습니다.

예수님께서 경고를 먼저 하신 것은 기회를 주셔서 살리시려는 것입니다. 아직은 소망이 있습니다. 오늘 이 버가모교회의 모습을 거울로 삼아서 다시 일어서기를 촉구합니다.

관점으로 청중결단

오늘은 청소하는 날입니다!

누구를 청소하는 날입니까? 내가 나를 청소하는 날입니다!
내가 나를 청소하지 않으면 그때는 예수님이 직접 하십니다!
그때는 아픔이 있습니다. 그때는 고통도 따릅니다.

지금 주님이 기회를 주셨을 때 우리가 정신을 차리고 성령의 검이 오기 전에 지금 내가 하나님의 말씀의 검을 들고 내 아픈 자리, 썩은 자리를 도려내고 찢어내서 곪아 터진 것이 있다면 수술해야 합니다.
청소해서 주님이 보시기에 안과 밖이 다르지 않은 그리스도인의 모습을 가져야 합니다.

여러분, 청소는 한 번만 해서 되는 것은 아닙니다.

매일 매일, 여러분들의 모습을 점검하면서 예수의 이름으로 청소해야 합니다. 매일 매일 그리스도의 보혈로 여러분의 삶의 모습을 구석구석 청소하고 새롭게 해야 합니다.

이것만이 살 길입니다!

주님은 버가모 교회에 이런 약속을 주고 계십니다.

"이기는 그에게는 내가 감추었던 만나를 주겠다"(17절)

공개된 만나가 아니고 감추었던 만나입니다!

만나는 떡입니다. 주님이 감추었던 떡을 주십니다.

요한복음에서 예수님을 생명의 떡이라고 말씀하고 있습니다. 그런데 사람들은 예수님이 오셨을 때 예수님이 생명의 떡인 것을 몰랐습니다. 예수님은 감추어진 만나이십니다.

새롭게 되면 그때 먹을 것과 입을 것! 살아 있는 생명과 영원히 살아야할 모든 생명이 되어주시겠다고 하십니다. 그 떡의 축복은 주님을 소유한 자만이 알게 됩니다.

또 "흰 돌을 줄 터인데 그 돌 위에는 새 이름을 기록한 것이 있을 것이다."

당시에는 사람을 초청할 때 돌에다가 이름을 써서 초청장으로 주었습니다. 그 초청장을 받은 자만이 주인의 잔치에 들어올 수 있었습니다.

예수님은 자기를 청소한 자들의 이름을 흰 돌에 새겨서 초청을 하신다고 합니다. 흰 돌은 예수님입니다.

예수님은 당신의 가슴에, 예수님의 생명책 위에 우리의 이름을 기록해서 우리를 아무에게도 빼앗기지 아니하고 예수님의 잔치 자리에 초청하시겠다고 약속하십니다.

   그런데 이렇게 말합니다.

"받은 자 밖에는 그 이름을 알 사람이 없다"

구원은 하나님과 나만이 아는 비밀입니다.
영생은 하나님과 나만이 아는 비밀입니다.
신앙은 하나님과 나만이 아는 비밀입니다.

내 아버지 따라 어머니 따라 천국 가는 것 아닙니다.
청소한 자만이 예수님의 초청장을 받습니다!
그와 예수님만 압니다!
외유내강의 신앙이 되시기를 축복합니다!

사람들의 눈에 보이는 버가모 교회는 외부에서 핍박이 오고, 외부에서 시련이 왔을 때 믿음을 잘도 지켰습니다. 그런데 그 속은 썩어가고 있었습니다. 교회가 내적으로 병들어 심각한 지경이었습니다.

자칭 선지자라 하는 여자 **Jezebel**

네게 책망할 일이 있노라 자칭 선지자라 하는 여자 이세벨을 네가 용납함이니 그가 내 종들을 가르쳐 꾀어 행음하게 하고 우상의 제물을 먹게 하는도다 _ 20절

CHAPTER 04

그 여자가
문제였어

계 2:18~29

두아디라는 상공업이 발달한 도시였습니다. 옛 도시의 폐허에서 발견된 비문 등을 보면 두아디라는 당대의 다른 도시들보다 많은 상공인들의 조합(the guild)이 있었습니다.

양모(wool)업, 아마포(linen)업, 의류 제조, 염색, 가죽 가공, 도자기 제조, 제빵, 노예 매매, 구리청동 세공업자와 특히 염료와 염색업이 유명하였습니다.

바울과 실라가 마게도냐의 빌립보에서 만난 루디아(Lydia)도 두아디라 출신으로 포목무역업을 하고 있었습니다(행 16:14). 두아디라에는 신전은 많이 없었고 아폴로와 아데나 신전만이 있었습니다.

두아디라 교회를 향한 예수님의 음성은 칭찬으로 시작되었습니다. 예수님의 마음에 두아디라 교인들의 아름다운 모습이 담겨져 있었습니다.

"내가 네 사업과 사랑과 믿음과 섬김과 인내를 아노니 네 나중 행위가 처음 것보다 많도다"(19절)

여기서 사업이란, 두아디라 교인들이 이런저런 일들을 만들어서 열심히 교회 일을 하고 있다는 말입니다. 교회서 함께 일을 하다보면 이런 저런 문제들이 발생합니다. 하지만 두아디라 교인들은 달랐습니다.

그들은 "사랑과 믿음과 섬김과 인내"로 성도로서 마땅히 가져야 할 모습을 잃지 않고 성실한 신앙생활을 잘 유지하고 있음을 칭찬하셨습니다.

설교를 이끄는 관점

하지만 이런 칭찬 뒤에 예수님의 책망도 대단했습니다.

"그러나 네게 책망할 일이 있노라 자칭 선지자라 하는 여자 이세벨을 네가 용납함이니 그가 내 종들을 가르쳐 꾀어 행음하게 하고 우상의 제물을 먹게 하는도다"(20절)

예수님의 책망의 핵심은 자칭 선지자라 하는 여자 이세벨을 용납함으로 그 여자로 인하여 두아디라 교회의 성도들이 행음하고 우상의 제물을 먹는 범죄를 저지른 사실입니다.
어쩌다 이런 일이 벌어진 것입니까?

이런 여자가 어떻게 두아디라 교회에 들어왔고 이 여자가 어떤 짓을 했기에 교인들이 이 여자의 꼬임에 무너진 것일까요?

예수님의 책망이 대단합니다.
이 여자로 인하여 일어난 문제가 여간 심각한 것이 아닙니다!
예수님은 이 여자의 정체를 이세벨이라고 칭하셨습니다.

그 여자를 선지자라고 부른 것을 볼 때 그 여자는 특별한 은사를 비롯한 어떤 초자연적 능력으로 교인들을 미혹했을 가능성이 높습니다. 그 여자는 겉모습만 신자였을 뿐 이교사상으로 철저히 무장된 거짓 선지자였고 사악한 여자였습니다.
궁금한 것은 두아디라 교인들은 정말 이 여자의 정체를 전혀 모르고 있었을까요?

구약에 등장하는 이세벨은 시돈 왕국의 공주로 이스라엘 왕 아합의 왕비가 되었습니다. 그 후 아합 왕은 이세벨의 사주를 받아 이스라엘에서 여호와 하나님을 믿는 신앙을 말살하고자 하나님의 선지자들을 모두 죽이려 시도했습니다(왕상 16:29~34).
두아디라 교회에 침투한 이 여자도 예수님의 눈에 바로 이런 이세벨과 같은 여자였습니다.

그 여자는 두아디라 교인들을 행음하게 했습니다. 그 여자는 우상의 제물을 먹게 함으로 교회의 거룩함을 잃게 했습니다. 결국 두아디라 교인들을 예수님의 진노의 대상이 되게 했습니다.

* 그래도 예수님은 회개의 기회를 주었습니다. 하지만 그 여자와 그를 따르는 무리들은 회개의 기회를 외면했습니다(21절).

* 그래서 예수님은 그들의 행음의 현장을 덮쳐서 만천하에 그들의 더러운 모습을 보이실 것이며, 큰 환란의 형벌에 던지실 것이라고 경고 하셨습니다(22절).

* 또한 사망으로 그들의 자녀들까지 가만두지 않을 것이며, 각 사람의 행위대로 하나도 빠짐없이 죄악을 심판하리라 하셨습니다!(23절)

* 다행이도 이 여자의 꼬임에 넘어가지 않은 두아디라 교인들은 예수님의 교훈을 끝까지 굳게 잡으라고 격려 하셨습니다!(24~25절)

좀 충격적이지 않습니까! 한 여자로 인하여 이렇게 교회가 망가지다니 너무도 어이없습니다! 왜 이런 결과가 나타나게 된 것입니까? 두아디라 교회가 다시 회복할 방법은 있는 것입니까?

하나님의 목적으로 해결

두아디아 교회에 나타나신 예수님의 모습은,

"두아디라 교회의 사자에게 편지하라 그 눈이 불꽃 같고 그 발이 빛난 주석과 같은 하나님의 아들이 이르시되"(18절)

두 눈을 부릅뜨시고 진실과 거짓을 살피시는 살아계신 예수님이셨습니다.
그의 발은 불의와 거짓을 짓밟는 심판의 예수님이셨습니다. 우상과 거짓 선지자들과 비교될 수 없는 살아계신 하나님의 아들이신 예수님이셨습니다.

두아디라 교회는 진리를 가장한 이단(사탄)들의 술수에 대한 분별력을 잃은 것이 문제였습니다.

"자칭 선지자" 자신의 능력을 앞세우는 이 여자의 실체를 가볍게 여기고 이 여자의 진리를 가장한 술수에 교인들이 경계심을 갖지 않았습니다.
이로인해 온 교회가 사탄의 깊은 꼬임에 물들어 버렸기 때문에 두아디라 교회를 깨우러 오신 것입니다. 이 여자를 내어 쫓아내러 오신 것입니다.

1. 이 여자가 선지자 행세를 했기에 경계심을 잃었습니다.
교회는 거짓 선지자를 분별해야 합니다. 거짓 선지자들의 특성은 선지자처럼 가장하고 선지자처럼 행동하기에 분별이 쉽지 않다는 점입니다.

2. 그 여자가 행하는 것들(사탄의 속임수)이 영적 분별력을 잃게 했습니다. 거짓 선지자들도 얼마든지 능력을 행하며 미혹한다는 것을 잊지 말아야 합니다. 보이는 것이 전부가 아닙니다. 속에 감추어진 실체를 볼 수 있어야 합니다.

3. 분별력을 잃은 자의 결과를 잊지 말아야 합니다!
이 여자를 쫓은 자들은 그들의 자녀들까지 심판의 대상이 되었습니다. 이 얼마나 끔찍한 일입니까? 순간 분별력을 잃은 자는 영원히 돌이킬 수 없는 결과 앞에 아무것도 할 수 없을 때가 온다는 것을 잊지 말아야 합니다.

관점으로 청중적용

사랑하는 여러분!

1. 지금 우리 교회들이 이런 여자들 때문에 몸살을 앓고 있습니다.

처음에는 아주 신실한 교인의 모습으로 교회를 찾아와서 서서히 본색을 드러내며 성도들을 영적으로 유린하는 자들이 너무도 많습니다.
이런 자들로 인하여 교회가 무너지고, 성도들이 잘못된 신앙에 빠져서 고통당하는 모습은 이제 더 이상 새로운 이야기가 아닙니다.

* 이들은 이세벨입니다!

하나님의 이름을 부르지만 실상은 교회와 성도들을 무너뜨리려는 거짓말쟁이들입니다. 사탄의 앞잡이들입니다. 이들을 찾아내지 못하면 우리교회가 무너진다는 무서운 예수님의 경고를 가볍게 여기면 안 됩니다!

* 사탄에 속한 이 여자들이 우리 교회들을 표적으로 삼고 있습니다! 이세벨의 무리들이 교회들을 공격하고 있습니다!
(이런 경우를 당한 교회들의 사례가 우리 주변에 적지 않습니다!)

2. 24~25절을 주목하고 똑똑히 새겨야 합니다!

"너희에게 말하노니 다른 짐으로 너희에게 지울 것은 없노라 다만 너희에게 있는 것을 내가 올 때까지 굳게 잡으라"

이 여자의 꼬임에 넘어가지 않은 교인들에게 주시는 격려와 당부입니다! 지금 붙들고 있는 바른 진리를 놓치지 말고 끝까지 지키라 하십니다!
그러려면 다음 사항을 꼭 지켜야 합니다!

1) 우리교회에서 가르치는 진리와 목사님의 설교 외에는 다른 어떤 자들의 가르침과 모임에 참석해서는 안 됩니다.
설사 그 사람이 함께 교회생활을 하는 교인이라 할지라도 거부해야 합니다. 불편한 진실이지만 우리 교인들 중에서도 이세벨을 따르는 자들이 있을 수 있기 때문입니다.
　이런 요구가 있을 때에는 반드시 교회와 목사에게 알려서 문제를 막아야 합니다. 이 여자들을 따르면 반드시 나와 자녀들이 망합니다!

　2) 두아디라 교인들의 실수를 반복해서는 안 됩니다!
　이들이 주변에서 능력을 행하는 자들이기에 이들에 대한 경계를 놓치는 것입니다. 이들은 이단입니다. 양의 옷을 입은 이리들입니다. 이들의 결국은 개인과 교회를 짓밟고 몸과 물질과 자녀들까지 망하게 합니다!

　3) 교회 중심의 신앙을 강조합니다!
　우리교회는 예수님을 바르게 따르는 교회입니다. 누구든지 교회나 목회자에 대한 이상한 이야기를 하는 자는 반드시 잘못된 자로 이 여자를 따르는 자일 수 있습니다!
　교회를 떠나서 움직이려는 자들을 경계해야 합니다. 교회를 비방하고 교회의 문제들만 들추어내는 자들을 가까이 해서는 안 됩니다.

　4) 바른 교회 안에는 예수님의 축복이 있습니다!
　* 원수를 다스리고 심판하는 복을 받습니다!

"이기는 자와 끝까지 내 일을 지키는 그에게 만국을 다스리는 권세를 주리니 그가 철장을 가지고 그들을 다스려 질그릇 깨뜨리는 것과 같이 하리라"(26~27)

* 영원히 빛나는 복을 받습니다!

"내가 또 그에게 새벽 별을 주리라"(28절)

예수님께서 그의 빛이 되어주십니다. 그의 앞길을 새벽별처럼 빛나게 하십니다.

관점으로 청중결단

이세벨로부터 나와 교회를 지켜야 합니다!!!

"이기는 자와 내 일을 지키는 그에게."
내 신앙을 지키고 우리교회도 이 여자의 꼬임에서 끝까지 지키라는 명령입니다.

그 여자가 문제였어!!!!!
정신 차리고 그 여자를 찾아내야 합니다. 그 여자가 우리교회 안에 들어오지 못하도록 철저하게 지켜야 합니다.
교회중심 신앙을 놓치면 안 됩니다!
교회중심 신앙으로 하나가 되어야 합니다!!!
교회가 나도 살리고 가장도 살리고 자녀도 살리는 예수님의 축복을 공급하는 곳입니다!

White

흰 옷을 더럽히지 않은 자
이기는 자는 이와 같이 흰 옷을 입을 것이요 내가 그 이름을 생명책에서 결코 지우지 아니하고 그 이름을 내 아버지 앞과 그의 천사들 앞에서 시인하리라 _ 5절

CHAPTER 05

주님이 찾으시는 그 한 사람

계 3:1~6

사데는 리디아(Lydia) 왕국의 수도이며 역사적으로 처음 금화를 제조했던 곳으로도 유명한 곳입니다.

당시에 금화를 제조했던 건물은 아직도 작은 시내가 흐르는 한 모퉁이에 자리 잡고 있다고 합니다. 금과 은을 섞어서 만든 이 금화는 마치 달걀 모양의 타원형이었고 '사데'라는 이름은 리디아 왕국 때부터 부르던 이름입니다.

리디아의 왕들 가운데 가장 유명한 인물은 크로에수스 왕입니다.

크로에수스 왕은 세계 역사상 처음으로 금과 은, 두 가지 다른 재료를 혼합하여 금화를 제조한 인물로 유명합니다. 그의 엄청난 재산은 주로 세금과 무역으로 인한 수입과 사데 지방에서 수거한 금으로부터 축적한 것입니다.

사데 교회를 찾아오신 예수님의 음성이 거칠고 쉴 틈이 없으십니다.

"내가 네 행위를 아노니, 네가 살았다 하는 이름은 가졌으나 죽은 자로다"(1절)

* 살아있는 자들에게 사망선고를 하셨습니다.

산 자를 죽은 자 취급하셨습니다.
이 얼마나 끔찍하고 절망적인 음성입니까!
버젓이 살아서 움직이는 교회와 성도들을 향하여 죽은 자 취급을 하시다니 어떻게 이럴 수가 있습니까!

이 음성을 들은 사데 교회 성도들은 어떤 기분이었겠습니까?
사데 교회는 어쩌다 이런 심각한 진단을 받게 된 것일까요?

* 예수님의 책망과 호통소리는 여기서 끝이 아닙니다!

"너는 일깨어 그 남은 바 죽게 된 것을 굳건하게 하라 내 하나님 앞에 네 행위의 온전한 것을 찾지 못하였나니 그러므로 어떻게 받았으며 어떻게 들었는지 생각하고 지켜 회개하라 만일 일깨지 아니하면 내가 도둑같이 이르리니 어느 때에 네게 이를는지 알지 못하리라"(2~3절)

설교를 이끄는 관점

예수님께서 사데 교회를 죽은 자 취급하시는 이유가 있습니다.

"네 행위의 온전한 것을 찾지 못하였나니"(2절)

지금 사데 교회의 모습에서 온전한 것을 찾지 못하셨다고 하신 것은, 예수님의 눈에 비친 사데 교회의 모습이 온통 엉망이라는 지적입니다.

여기서 행위의 온전함을 찾지 못했다는 것은 사데 교회의 모습이 하나님의 기준에 적합하지 않다는 의미입니다. 그래서 지금 상태라면 도저히 살아있다고 말할 수 없는 지경이란 말씀입니다.

더 심각한 것은 이 지경에 이른 자신들의 모습을 전혀 깨닫지 못하고 있다는 점입니다. 지금 사데 교회는 이 일에 아무런 경각심이 없습니다.

어쩌다 이런 상태까지 이른 것입니까?
앞으로 일어날 사데 교회의 운명이 궁금하지 않습니까?
이런 지경에서 도둑같이 임하신다는 예수님의 엄한 교훈을 그들은 어떻게 받아들였을까요?

불행하게도 사데 교회는 예수님의 이런 경고를 무시했습니다!

사데는 허무스(Hermus)강 계곡 평야의 한 복판에 있었습니다. 이들이 살던 곳은 고도 450m나 되었습니다. 이런 위치 때문에 사데는 난공불락의 요새였습니다.

  사데를 둘러싼 산맥의 양 측면은 깎아지른 듯 절벽이었고, 벼랑과 트몰루스 산맥이 만나는 그 곳에만 사데로 들어올 수 있는 길이 있었는데 그것마저도 경사가 급하고 험준하였습니다.

  그래서 외부 사람들은 사데로 들어오는 것이 쉽지 않았습니다. 한 마디로 비밀통로와 같은 곳으로 사데 사람들만이 몰래 출입을 했습니다.

  어느 날 고레스 왕은 사데 성을 포위했습니다.

  그러나 크로에수스와 사데 사람들은 개의치 않았습니다. 난공불락의 요새와 같은 트몰루스산에 숨어있기만 하면 아무런 문제가 없다고 믿었기 때문입니다. 하지만 그 난공불락의 요새와 같은 트몰루스산에 숨어있기만 하면 살 수 있다고 자부하던 사데 사람들을 향하여 고레스 왕은 이렇게 말했다고 합니다.

  "너희들은 살았다고 하지만 사실은 죽은 목숨이다."

  고레스는 14일간을 포위한 채 기다리고 있었습니다. 그리고 "사데 성으로 들어갈 방법을 찾아내는 사람에게는 특별한 상을 주겠다"고 군사들의 사기를 높였습니다.

  어느 날 히에로에데스(Hyeroeddes)라고 불리는 한 군인이 사데 성의 발포대를 지켜보던 그 때 사데 군병 한 명이 실수로 자기 철모를 성벽 총구 너머로 떨어뜨리고는 그것을 찾으려고 절벽 아래로 내려오는 것을 목격했습니다.

히에로에데스는 그 곳에 몸집이 작은 사람이면 기어 올라갈 수 있는 틈바구니가 바위 사이에 있을 것이라는 것을 알아차렸습니다.

그날 밤 일단의 페르시아 군인들이 그 바위의 갈라진 틈바구니를 통해 사데 성으로 침입할 수 있었습니다. 놀라운 사실은 그들이 발포대 위에 도달했을 때 그 곳에는 보초병 하나 없었습니다. 사데 사람들은 발포대에 보초가 깨어서 경계할 필요가 없을 정도로 안전하다고 생각했기 때문입니다.

결국 사데는 잠자고 있다가 도둑같이 쳐들어 온 고레스의 군사들에 의해 함락되었습니다.

예수님의 말씀대로 사데는 일깨어 지키지 않고 안일하게 잠을 자다가 도둑처럼 이른 자들에게 멸망을 당한 것입니다!

하나님의 목적으로 해결

예수님은 이런 사데의 모습을 미리 알고 사데를 찾아가서 경고를 하셨습니다. 아직 사데 교회에 예수님의 긍휼을 기다리는 자들이 몇 사람 있었기 때문입니다.

"그러나 사데에 그 옷을 더럽히지 아니한 자 몇 명이 네게 있어 흰 옷을 입고 나와 함께 다니리니 그들은 합당한 자인 연고라"(4절)

예수님은 사데 교회 안에 흰 옷을 더럽히지 않은 몇 명을 생각하사 사데 교회를 향하여 기회의 음성을 주신 것입니다.

그렇다면 이 흰 옷을 입은 자들은 누구입니까!

이들은 신앙의 정절을 지킨 자들입니다!
세상과 타협을 모르는 자들입니다!
예수님이 주목하시는 자들입니다!

이들은 모두가 살아있으나 죽은 자처럼 신앙하는 무리들 속에서 신앙의 정절을 잃어버리지 않기 위해서 목숨을 걸고 흰옷을 더럽히지 않으려고 믿음의 싸움을 싸운 자들입니다.

예수님은 이 흰옷 입은 자들 때문에 지금도 교회들을 돌아보고 계십니다!

1. 흰 옷을 더럽힌 자는 살아있으나 죽은 자들입니다.
   신앙의 정절을 잃은 자들은 살아있으나 죽은 자입니다.

2. 이름뿐인 교회와 성도는 흰 옷을 더럽힌 자입니다.
   신앙의 행위가 죽은 자들은 살아있으나 죽은 자입니다.

3. 더 이상 교회의 기능과 성도의 기능을 할 수 없는 것은 흰옷을 더럽혔기 때문입니다. 신앙의 정절을 잃은 자들은 아무것도 할 수 없습니다. 그들의 눈과 귀가 죽었기 때문입니다.

관점으로 청중적용

사랑하는 여러분!

1. 예수님의 눈에 비친 우리의 모습은 어떨까요?

우리교회는 흰 옷을 더럽히지 않았습니까?
나는 흰 옷을 더럽히지 않은 자입니까?

* 살았다는 이름만 가진 교회와 성도의 모습이라면 큰일입니다.
나름대로 우리들은 열심히 교회 안에서 주님의 일을 하고 있는데 예수님의 눈에 온전한 모습을 찾을 수 없다면 이보다 더 큰 불행이 어디 있겠습니까!

* 이것보다 더 큰 문제는 이런 우리의 모습을 회복할 수 있도록 기회를 주실 수 있는 흰 옷 입은 자들이 있어야 합니다!

주님이 찾으시는 그 사람이, 그 몇 사람이 우리를 살려낼 수 있기 때문입니다. 하지만 그마저도 없다면 우리는 어떻게 해야 합니까?

* 아직은 기회가 있습니다. 2~3절을 보십시오!

"너는 일깨어 그 남은 바 죽게 된 것을 굳건하게 하라… 그러므로 네가 어떻게 받았으며 어떻게 들었는지 생각하고 지켜 회개하라"

2. 지금이라도 일깨어야 합니다!

지금이라도 정신을 차리고 더럽혀진 흰 옷을 회개함으로 깨끗하게 회복해야 합니다. 어디서부터 문제가 발생했는가를 철저하게 분석하고 하나라도 남김없이 청소하고 깨끗하게 신앙의 원상복구를 해야 합니다. 흰 옷을 더럽히지 않았던 때를 지켜야 합니다.

3. 예수님이 찾으시는 그 한 사람은 흰 옷을 더럽히지 않은 자, 신앙의 정절을 지키는 자입니다!

이 흰 옷은 예수님이 피로 값을 지불하고 사서 입혀준 옷입니다. 더럽혀지면 안 되기에, 깨끗하게 입으라고 흰 옷을 입혀 주셨습니다. 더럽혀지지 않도록 매일매일, 매 순간 조심하고 또 조심해야 합니다.

4. 예수님은 흰 옷을 더럽히지 않은 교회와 성도를 찾고 계십니다!

"이기는 자는 이와 같이 흰옷을 입을 것이요 내가 그 이름을 생명책에서 결코 지우지 아니하고 그 이름을 내 아버지 앞과 그의 천사들 앞에서 시인하리라"(5절)

그를 영원히 곁에 두시기 위해서입니다!
그의 이름을 영원히 기억하시기 위해서입니다!
그의 이름을 영원히 자랑하시기 위해서입니다!

관점으로 청중결단

구원의 감격은 흰 옷을 입은 자들의 항시 고백입니다!
우리에게 입혀진 흰 옷이 있습니다!
바로 내게 주신 사명, 직분이 내가 더럽히지 말아야 할 흰 옷입니다!
직분의 흰 옷, 예수님께서 입혀 주신 이 사명의 옷이 더럽혀지지 않도록 깨어 있어야 합니다.

사명을 버리거나 등한시 하는 것은 더럽히는 것입니다.
사명의 자리에 서 있지 못하는 것도 더럽히는 것입니다.
남의 직분을 침범하여 간섭하는 것도 더럽히는 것입니다.
끝까지 감당하지 못하는 것도 더럽히는 것입니다.

작은 능력

Kept

볼지어다 내가 네 앞에 열린 문을 두었으되 능히 닫을 사람이 없으리라 내가 네 행위를 아노니 네가 작은 능력을 가지고서도 내 말을 지키며 내 이름을 배반하지 아니하였도다 _ 8절

CHAPTER 06

작지만 큰 능력
계 3:7~13

'빌라델비아'(빌라델피아)의 뜻은 필로스(사랑)와 아델포스(형제)라는 두 단어의 합성어로, "형제 사랑"이라는 뜻을 담고 있습니다.

빌라델피아는 지리적으로 로마의 문화가 소아시아로 넘어가는 관문에 자리 잡고 있었습니다. 그곳은 직물과 피혁 산업이 발달했을 뿐 아니라 큰 포도재배 단지가 있어서 술의 신인 디오니소스를 숭배하는 지역이기도 합니다. 이러한 영향으로 인해 비교적 부유한 곳입니다.

이 도시는 AD 17년에 큰 지진으로 파괴 되었다가 AD 90년 로마 황제 티베리우스에 의해 재건되었다고 합니다. 현재는 AD 6세기에 건축된 빌라델비아 기념교회인 요한 교회가 3개의 기둥만 남아있는 상태로 도시 복판에 남아 있습니다.

빌라델비아 교회는 소아시아 일곱 교회 중 하나였던 서머나 교회처럼 예수님의 책망이 없는 교회입니다. 하지만 빌라델비아 교회의 모습을 보면 의문점이 있습니다.

설교를 이끄는 관점

"내가 네 행위를 아노니, 네가 작은 능력을 가지고도 내 말을 지키며 내 이름을 배반하지 아니하였도다"(8절)

여기서 "작은 능력"이란 아주 보잘것없는 모습을 의미합니다. 예수님께서 말씀하신 작은 능력은 두어 가지를 생각할 수 있습니다.

* 하나는 빌라델비아 교회의 상태가 형편없었다는 것입니다.
이는 교회를 이끌어가는 구성원, 즉 교인들의 숫자가 매우 적었다는 말입니다. 한 마디로 작은 교회입니다.

* 또 하나는 그나마 적은 교인들마저 거의 영향력을 발휘하지 못하는 서민들이라는 생각을 할 수 있습니다. 이전 성경에는 "적은 능력", 능력이 거의 없다는 말로 표현되었습니다.

생각해보십시오!
이런 형편없는 교회가 어떻게 예수님의 책망 한마디 없는 교회가 될 수 있었을까요? 건물이 웅장하고 많은 사람들이 있는 교회도 있었을 것입니다. 특히 유명한 사람들과 많은 재력을 가진 교회들도 있었을 것입니다.

그런데 거의 능력이 없는 보잘것없는 교회가 어떻게 그 많은 교회들을 제치고 예수님의 주목을 받고 칭찬을 받았을 까요?

우리가 아는 작은 교회들은 크고 적은 문제들이 너무도 많습니다.

사람도 적고 서민들이 모인 교회라면 당연히 재정이 부족해서 시험에 빠지는 일도 있었을 것이고, 사람들이 적으니 일하는 자들의 불평과 불만도 적지 않았을 것입니다.
주변에 큰 능력을 가진 교회들로부터 보잘것없는 교회라고 무시당하고 업신여김을 받을 수도 있었을 것입니다. 이런 경우 이 교회 성도들은 기분 상하고 상처받는 일이 자주 생겼을 것입니다.
그런데도 책망거리가 없었다니 믿을 수 없는 일입니다.

객관적으로 생각을 해보십시오!
크고 능력 있는 교회에 문제가 많습니까? 작고 힘없는 교회에 문제가 많습니까?
우리는 많은 능력을 가지려고 애씁니다. 만일 이런 상황에서도 정말 이 교회가 책망할 것이 없었다면 우리는 이 교회를 주목해야 합니다.

이 교회가 칭찬받은 이유가 무엇일까요?

하나님의 목적으로 해결

예수님의 말씀은 거짓이 있을 수 없습니다. 분명히 빌라델비아 교회는 예수님의 책망이 없는 작은 능력을 가진 교회가 맞습니다. 그렇다면 빌라델비아 교회가 이런 능력을 가진 비결을 우리도 배워야 합니다.

빌라델비아 교회에 찾아오신 예수님의 모습에서 그 비결을 찾을 수 있습니다.

"거룩하고 진실하사 다윗의 열쇠를 가지신 이 열면 닫을 사람이 없고 닫으면 열 사람이 없는…"(7절)

빌라델비아 교회에 찾아오신 예수님은 다윗의 열쇠를 가지셨습니다. 예수님은 이런 자신의 모습을 통하여 빌라델비아 교회를 칭찬하시는 이유를 보게 하셨습니다.

작은 능력을 가진 빌라델비아 교회가 칭찬받은 이유는 열린 문을 닫지 않았기 때문입니다. 빌라델비아 교인들이 교회의 문을 닫지 않았기 때문입니다.

"내가 네 앞에 열린 문을 두었으되 능히 닫을 사람이 없으리로다 내가 네 행위를 아노니 네가 작은 능력을 가지고도 내 말을 지키며 내 이름을 배반하지 아니하였도다"(8절)

여기서 "열린 문"을 주목해야 합니다!

빌라델비아 교회는 열린 문이 있는 교회입니다. 이 교회는 열린 문을 닫지 않는 교회였습니다. 그럼 이 열린 문은 무엇입니까?
 바로 복음의 문입니다!
 전도의 문입니다!
 예수님을 전하는 문입니다!

 빌라델비아 교회는 교회의 본질, 복음을 전하는 일을 쉬지 않으려고 싸울 겨를도 없었습니다! 시험들 겨를도 없었습니다!
 원망과 불평할 겨를도 없는 교회였습니다!

 이렇게 작고 보잘것없는 자들이었지만 이들이 전하는 복음은 결코 작고 보잘것없는 것이 아니었기에 "능히 닫을 사람이 없으리라" 하셨습니다. 아무도 그들을 당해 낼 자들이 없었습니다!

 이들은 작고 능력이 없어 보였지만 열린 문을 닫지 않으려고,

 1. 예수님의 말씀을 지켰습니다.
 땅 끝까지 증인이 되라는 말씀을 지켰습니다.

 2. 예수님의 이름을 배반하지 않았습니다.
 어떤 시련과 유혹 앞에서도 굴복하지 않았습니다.
 예수님 외에는 어떤 것도 생각하지 않았습니다.

 3. 인내하라는 말씀대로 참았습니다.
 열린 문을 닫으려는 자들의 핍박과 시련을 끝까지 참고 견디었습니다.

4. 결국 이들의 열린 문을 닫으려는 자들이 굴복을 당했습니다.

"보라 사탄의 회당 곧 자칭 유대인이라 하나 그렇지 아니하고 거짓말 하는 자들 중에서 몇 사람을 네게 주어 그들로 와서 네 발 앞에 절하게 하고"(9절)

열린 문을 닫으려 하던 자들이 오히려 작은 능력을 가진 자들에게 무릎을 꿇는 역사가 일어났습니다!
복음의 승리, 작은 능력자들의 승리였습니다!

관점으로 청중적용

사랑하는 여러분!

1. 우리 주변에 있는 많은 교회들이 여러 문제들로 몸살을 앓고 있습니다.

교회가 몸살을 앓고 있다는 것은 교인들이 병들어 시름한다는 이야기입니다. 큰 능력을 가진 교회나, 작고 능력이 부족한 교회나 모두 그 안을 들여다보면 차마 말로서는 표현할 수 없는 문제들이 우글거리고 있습니다.
나름대로 이유는 있습니다. 돈이 없어서, 사람이 없어서, 장소가 안 좋아서, 누구 때문에, 셀 수 없는 문제들 투성입니다.

* 그래서 저마다 힘을 가진 교회를 원합니다.

웅장한 건물과 넓은 주차장, 유명하고 재력 있는 사람들이 모여 있는 명품교회를 지향하며 숨고를 틈도 없이 힘을 가지려고 합니다.

* 그럼 힘을 가진 교회는 문제가 없습니까?

힘 있는 교회는 힘으로 교회의 존재감을 과시하고, 힘 있는 교회의 목사는 그 힘이 마치 자신의 힘인 것처럼 작은 교회의 목사들을 거들 떠 보지도 않습니다. 힘 있는 교회의 성도들은 작은 교회의 성도들을 은근히 무시하고 멸시합니다.

그래서 큰 교회, 힘 있는 교회를 다니는 것이 자랑거리가 되어버렸습니다. 작은 교회, 힘없는 교회는 모두가 기피합니다. 그래서 작은 교회는 더 작아집니다. 더 이상 힘을 가질 기회조차 잃어가고 있습니다.

* 예수님은 이런 우리의 현실을 어떻게 보실까요?

빌라델비아 교회와 우리 교회들의 다른 점은 무엇일까요?

2. 교회의 진정한 힘과 능력은 교회의 본질을 지키는 것입니다!

교회가 큰 능력을 나타내는 비결은 본질에 충실할 때입니다.

교회의 본질은 열린 문입니다! 교회는 복음의 문이 닫히면 그때부터 문제가 시작됩니다.

1) 이런 분들이 있습니다. "우리 교회는 아무런 문제가 없다."

아무 문제가 없는 것이 문제가 아니라 복음의 문이 닫혀있는 데도 문제가 없다고 여기는 것이 더 큰 문제입니다!
　복음의 문이 닫힌 것보다 더 큰 문제가 어디 있습니까! 이것을 문제로 여기지 않는 교회나 지도자는 책망의 대상입니다.

　2) 복음의 문이 열린 교회는 예수님께서 모든 문제를 해결해 주십니다.
　생각해보십시오! 지상에 있던 빌라델비아 교회가 어찌 문제가 없었겠습니까! 오늘 우리교회의 모습과 무엇이 달랐겠습니까! 지금 우리가 겪고 있는 모든 문제들이 빌라델비아 교회에도 있었습니다.
　빌라델비아 교회는 문제없는 교회가 아니라 문제가 해결되는 교회였기에 더 이상 문제가 되지 않았습니다. 복음의 문을 닫지 않으려고 애쓰고 힘쓰는 동안 발생된 모든 문제들을 예수님께서 친히 다 담당해 주신 것입니다.

　문제가 문제가 아닙니다! 문제 해결이 안 되는 것이 문제입니다.

　해결되는 문제는 문제가 아닙니다! 문제가 해결이 되는 교회는 문제 될 것이 없는 교회입니다!

　3) 복음의 문을 열면,
＊ 내가 너를 사랑하는 줄을 알게 하리라.
　예수님의 사랑이 쏟아지는 교회가 됩니다.

＊ 너를 지켜 시험의 때를 면하게 하리라.
　장차 올 환란에서 건져 주심을 약속합니다.

* 이기는 자는 내 하나님의 성전에 기둥이 되게 하리니.
  영원한 하나님의 자랑이 됩니다.

* 새 예루살렘의 이름과 나의 새 이름을 그의 위에 기록하리라. 예수님의 이름이 새겨진 존귀하고 보배로운 자로 살게 됩니다.

관점으로 청중결단

"내가 속히 오리니 네가 가진 것을 굳게 잡아 아무도 네 면류관을 빼앗지 못하게 하라"(11절)

열린 문은 상급을 여는 문입니다!
열린 문은 면류관을 여는 문입니다!

우리교회와 나의 상급은 열린 문을 통하여 주십니다!
복음의 문은 우리의 모든 문제를 해결하는 문입니다!

열린 문을 닫히게 하지 말아야 합니다!
다시 복음의 문을 여는 교회로 돌아가야 합니다!

우리교회와 나는 오늘부터 열린 문을 지키는 파수꾼입니다!
열린 문이 있는 교회는 모든 것이 형통입니다!!!

Rich

나는 부자라
네가 말하기를 나는 부자라 부요하여 부족한 것이 없다 하나 네 곤고한 것과 가련한 것과 가난한 것과 눈 먼 것과 벌거벗은 것을 알지 못하는도다 _ 17절

CHAPTER 07

나는 부자라
계 3:14~22

　　　　　　　라오디게아는 BC 260년경 셀류키드의 안티오커스 2세가 라오디케라는 그의 아내 이름을 따서 세운 도시입니다.

　AD 60년에 지진으로 폐허가 된 라오디게아 도시는 다른 도시들과는 달리 로마 황제의 원조를 받지 않고 스스로 재건하려고 했습니다. 이는 아시아의 중요한 무역로에 위치해 있었고 금융업과 중요 산업의 중심지였기에 많은 재력가들이 모여 있었기 때문입니다.

　섬유업이 발달했으며 특수 양모로 짠 옷이 이 도시의 특산물이었습니다. 의과대학이 도시 안에 위치하고 있어서 눈병을 고치는 프리기아의 가루약과 나드 향유에서 뽑은 귓병 연고약이 유명했습니다.

　이렇다 보니 라오디게아 교회에도 부자 교인들이 많았고 교회의 재정도 아주 넉넉했습니다.

하지만 라오디게아에는 가장 중요한 상수원이 없었습니다. 바로 인접한 골로새에는 건강에 좋은 차가운 물이 있었고, 히에라폴리스에서는 약용으로 사용되는 뜨거운 물이 분출되었습니다.

그런데 라오디게아는 10km나 떨어진 데니즐리에서 90cm 정도의 돌로 만든 송수관을 통해서 물을 끌어왔는데 긴 시간동안 끌어오다 보니 물이 미지근해질 뿐만 아니라 아예 쓴맛도 났고 심지어 돌가루가 묻어 나왔기에 구토를 유발할 정도였습니다.

이러한 도시의 여러 환경을 이용하여 주님은 라오디게아 교인들을 책망하셨습니다.

라오디게아 교회의 주목할 만한 점은 칭찬이 하나도 없고 책망뿐인 교회입니다.

좀 당황스러운 일입니다!
무엇 때문에 라오디게아 교회는 예수님께 단 한마디의 칭찬도 듣지 못했을까요?
예수님의 교회가 예수님께 단 한마디의 칭찬도 받지 못했다는 것이 말이 됩니까!
예수님께 한마디의 칭찬도 없이 책망만을 들은 라오디게아 교인들은 무슨 생각을 했을까요?

그렇다면 예수님께서 라오디게아 교회를 책망하신 결정적인 이유가 있을 것입니다.

설교를 이끄는 관점

"네가 말하기를 나는 부자라 부요하여 부족한 것이 없다"(17절)

라오디게아 교인들은 자신들 스스로를 부자고 부요하여 부족함이 없는 자들이라고 여겼습니다.

이것이 예수님의 책망을 듣게 된 핵심입니다. 그렇다면 돈 많고 부요한 것이 어째서 책망의 이유가 되는지 이상하지 않습니까?

부요하다는 것은 여유로운 신앙생활을 한다는 것인데 이런 넉넉한 신앙생활이 책망 받아야 할 이유라면 우리 중에 자신이 좀 여유를 누리고 있다고 여기는 사람들은 매우 불편한 이야기로 들릴 것입니다.

실제로 라오디게아 교회는 앞서 말한 것처럼 돈 많은 재력가들이 많아서 교회가 풍족한 재정을 움직였습니다. 그래서 라오디게아 교인들은 "우리교회는 부자다. 우리교회는 넉넉하다. 우리교회는 부자들만이 있는 교회"라고 자랑을 했습니다.

하지만 이들의 이런 모습은 예수님의 눈에는 책망거리였을 뿐입니다.

예수님의 눈에 비친 라오디게아 교회의 실상을 보십시오!
15~16절이 그들의 모습입니다.

"내가 네 행위를 아노니 네가 차지도 아니하고 뜨겁지도 아니하도다 네가 차든지 뜨겁든지 하기를 원하노라 네가 이같이 미지근하여 뜨겁지도 아니하고 차지도 아니하니 내 입에서 너를 토하여 버리리라"

  1. 이들의 신앙은 진행이 중단 된 상태, 정지된 상태였습니다.
뜨겁지도 차갑지도 않은 묘한 상태였습니다. 신앙인도 같고 불신자도 같았습니다. 이들의 정체성이 분명하지 않았습니다.

  2. 이들은 더 이상은 지켜 볼 수 없는 상태였습니다.
토해야 할 지경이었습니다. 더 이상은 지켜볼 수 없는 상태였습니다. 빠른 결단이 필요한 시점이었습니다.

  3. 이들은 자신들의 모습을 정확히 모르고 있었습니다.
이들은 착각에 빠져있었습니다. 그래서 예수님께서 이들의 실체를 밝혀주셨습니다.

 * 곤고하고-피부가 경화되듯이 말라 비틀어져가는 상태였습니다.

 * 가련한 것-누군가의 도움이 절실할 만큼 불쌍한 상태였습니다.

 * 가난한 것-실상은 그들이 가진 것은 아무것도 없었습니다.

 * 눈 먼 것-현실을 보는 눈이 닫혀있었습니다.

 * 벌거벗은 것-치명적인 수치의 상태였습니다.

이런 상태를 자신들 스스로 알지 못한다는 것은 아주 큰 문제였습니다.
　지각(깨닫지 못하는)이 없는 매우 심각한 상태입니다.
　이런 자신의 모습을 어떻게 모를 수가 있단 말입니까! 예수님의 말씀이 사실이라면 이런 모습을 하고도 자신들이 부요하다고 자랑을 했다니 정말 제 정신이 아닌 것이 분명합니다.

하나님의 목적으로 해결

라오디게아 교회를 찾아오신 예수님을 주목해야 합니다.

"아멘이시요 충성되고 참된 증인이시요 하나님의 창조의 근본이신이"(14절)

　이는 진실하시고 변함이 없으시며 모든 권세를 주관하시는 하나님의 모습입니다. 그러므로 예수님의 판단과 책망은 조금도 거짓이 없으시며 창조주의 권세를 가지고 하신 말씀입니다.
　라오디게아 교회는 어쩌다 이 지경이 된 것입니까! 예수님은 라오디게아 교회를 통하여 어떤 말씀을 하시려는 것입니까!

　한 마디로 라오디게아 교회는 복이 화가 된 교회입니다!
　이들에게 주신 경제적인 축복이 도리어 이들의 신앙성장을 멈추게 하고 스스로 자만에 이르게 했기에 책망하셨습니다.

* "차지도 뜨겁지도 않았다"는 말을 잊지 말아야 합니다.
　이들의 신앙이 어느 순간 정지되었고 서서히 부패하기 시작했음을 지적하시는 부분입니다. 그리고 지금은 그 정도가 도저히 더 이상 두고 볼 수 없는 지경에 이르렀으니 빨리 결단하여 주신 축복을 지키고 더 큰 복으로 나아가라는 경고입니다.

* 19절을 주목해야 합니다!
　"무릇 내가 사랑하는 자를 책망하여 징계하노니 그러므로 네가 열심을 내라 회개하라"고 하십니다. 아직은 기회가 있다는 말씀입니다. 지금이라도 돌이키면 살 수 있다는 말씀입니다.

* 기회를 주신 예수님은 방법도 함께 주셨습니다(18절).

"내가 너를 권하노니 내게서 불로 연단한 금을 사서 부요하게 하고 흰 옷을 사서 입어 벌거벗은 수치를 보이지 않게 하고 안약을 사서 눈에 발라 보게 하라"

　1. 진정한 부요가 무엇인가를 가르쳐 주셨습니다.
　예수님에게서 불로 연단 된 금을 사서 부요하게 되는 것입니다. 이는 예수님이 생각하시는 부요와 라오디게아 교회가 누리고 있는 부요가 다르다는 것을 의미합니다.
　"불로 연단된 금." 지금 라오디게아 교인들이 가진 것은 불로 연단해 다시 새로워져야 됨을 말씀합니다. 이들의 부요는 돈이요, 예수님의 부요는 예수님으로 충만한 믿음입니다(벧전 1:7). 믿음을 새롭게 하면 살 수 있습니다!

2. 가장 시급한 것은 수치를 가리라 하십니다.

라오디게아 교인들은 제일 값진 옷을 입고 자랑하며 살았습니다. 하지만 예수님의 눈에는 모두가 벌거벗은 자들이었습니다. 화려한 옷 안에 감추어진 이들의 죄악과 부패는 양털과 가죽으로는 가릴 수 없었습니다.

예수님이 피 흘려 죽으심과 부활로 새로 입혀 주신 의로운 흰 옷, 예수님을 입어야 이들의 수치를 가릴 수 있기에 어서 갈아입고 수치를 면하라 하십니다.

3. 제일 먼저 치료해야 할 자들이 누구인가를 지적하셨습니다.

라오디게아 교인들은 그 지방에서 나오는 안약에 대한 자부심이 대단했습니다.

많은 사람들이 그 안약으로 치료받았습니다. 하지만 예수님이 보실 때 진짜 치료가 필요한 사람은 다른 사람이 아닌 라오디게아 교인들이었습니다. 이들은 자신의 벌거벗고 있는것도 보지 못하는 진짜 소경들이었기 때문입니다. 예수님에게서 안약을 사서 발라야 합니다.

예수님께 사야 될 안약은 회개입니다. 안약을 바르면 눈물처럼 흐르는 것처럼 진짜 눈물로 회개하면 살 수 있습니다.

* 예수님은 촉구하고 계십니다!

"볼지어다 내가 문 밖에 서서 두드리노니 누구든지 내 음성을 듣고 문을 열면 내가 그에게로 들어가 그와 더불어 먹고 그는 나와 더불어 먹으리라 이기는 그에게는 내가 내 보좌에 함께 앉게 하여 주기를 내가 이기고 아버지 보좌에 함께 앉은 것과 같이 하리라"
(20~21절)

예수님의 방법대로 하면 반드시 더 좋은 결과가 옵니다. 더 큰 복이 현세와 내세에 있음을 촉구하셨습니다.

관점으로 청중적용

사랑하는 여러분!

1. 지금 우리도 라오디게아 교회와 같은 모습을 가지고 있습니다.

어쩌면 우리의 실상은 라오디게아 교회보다 더 심각할 수도 있습니다.
우리도 라오디게아 교회 이상으로 부요함의 복을 받았습니다. 그래서 자신의 부요와 넉넉함을 이유로 교만하고 자만하여 제 멋대로 신앙생활을 하려는 사람들이 점점 더 늘어가고 있습니다.

언제부터인가 차지도 뜨겁지도 않은 상태로 살아가는 자들이 주변에 늘어나고 있습니다.
하지만 이들은 스스로 부족함이 없다고 자만하고 안도하며 신앙보다는 자신의 삶을 우선시하고 신앙을 구속과 굴레로 여기며 부담스러워하는 것이 우리의 현실입니다.

* 이들은 자신의 영적 상태가 벌거벗었음에도 관심이 없습니다.

소경이 되어 아무것도 볼 수 없음에도 의식하지 못합니다. 듣지 못하고 깨닫지 못한 시간이 제법 되었는데도 상관없다고 합니다. 오직 자신의 주머니와 통장을 위로삼아 자신의 즐거움만을 위하여 살아가고 있습니다.

수치스런 모습을 자신만 모르고 살아가는 어리석은 자입니다.

2. 오늘 예수님의 음성을 들으시고 치유를 받으셔야 합니다.

"내가 사랑하는 자를 책망하여 징계하노니 그러므로 네가 열심을 내라 회개하라"(19절)

지금 내가 누리는 모든 것이 어디서 온 것인지 알고 계십니까!
예수님이 주시지 않은 것을 우리가 어찌 누릴 수 있습니까!
예수님은 나에게 열심을 내라고 부요함을 주셨는데 그 사랑을 잊고 교만을 부린다면 어찌 되겠습니까?

예수님은 오늘 다시 한 번 사랑의 음성을 주십니다!
내가 사랑하기에 책망하노니 정신차리고 회개하라는 음성을 듣고 다시 일어서는 기회를 붙드시기를 바랍니다.

지금의 만족함이 언제까지 갈 수 있다고 생각합니까?
예수님의 음성을 들으십시오!

"지금 돌이켜 회개하지 않으면 내 입에서 너를 토하여 버리리라"

1) 오늘이 기회입니다!
오늘을 놓치지 말고 회개해야 합니다!
그 동안 스스로 자만하여 예수님을 잊어버리고 자신의 자리에서 안주하며 살았던 내 모습을 회개하고 청산해야 합니다.

2) 이제는 열심을 냅시다!
"네가 열심을 내라."
나를 향하여 강력하게 열심을 내라고 촉구하십니다. 나를 향한 주님의 음성을 더 이상은 외면하면 안 됩니다.

3) 예수님의 방법대로 하면 더 큰 복이 반드시 옵니다!
"내 음성을 듣고 문을 열면."
예수님이 시키는 대로만 하면 됩니다. 예수님의 방법이 길입니다. 예수님의 방법이 답입니다.

관점으로 청중결단

감사는 예수님의 부요케 하심에 대한 신앙고백입니다.
예수님의 사랑을 받은 결과를 고백하는 것이 감사입니다.
주신 경제의 복과 건강의 복과 받은 모든 복을 스스로의 결과로 자만하지 않는 자들의 고백이 감사입니다.

감사하는 자는 교만할 수 없습니다!

감사를 잊은 자가 교만한 자입니다!
감사는 주신 복을 더 큰 복으로 누리는 비결입니다!

이기는(감사) 그에게는, 예수님의 보좌에 함께 앉는 복이 있습니다! 승리의 자리, 영광의 자리, 사탄이 감히 어찌 할 수 없는 자리에 앉게 하십니다.
예수님이 그에게로 들어가 그와 더불어 먹고 그는 예수님과 더불어 먹는 복이 있습니다. 예수님께서 친히 모든 일에 함께 하시며 공급하시는 복입니다. 감사는 닫힌 것을 열게 하는 기적을 일으킵니다. 이 복을 놓치지 않기를 축복합니다!!!

이런 예화가 있습니다!
말씀을 준비하는 중에 교구 목사님 한 분에게서 이메일이 왔습니다. 그 목사님 교구의 성도 한 분이 간식 헌금으로 800만원을 드렸다는 내용이었습니다.
그래서 무슨 간식비로 800만원이나 헌금을 했는지 의아했는데 알고 보니 그 성도의 아내 되는 집사님이 많이 편찮으시다고 했습니다. 6년 전에 유방암으로 수술을 받고 회복되었는데 작년에는 뇌암이 발견되어 수술을 받고 항암치료 중에 있다는 것입니다. 이제 곧 방사선 치료를 시작할 예정인데 자칫하면 기억을 잃을 수도 있는 상황이라고 합니다.
그 집사님이 교회의 리더들과 소그룹 구성원들 그리고 교역자들의 수고에 감사하는 마음을 표현하고 싶은데 그 감사의 기억을 잃어버리기 전에 표현하고 싶어서 헌금을 드리게 되었다고 한다.
아니, 지금 이분이 감사할 상황인가? 뇌암이 발견되어 하나님의 괴롭히심의 자리에 들어가 있는 사람이 취할 일인가?

그런데 그 절망적인 상황 속에서도 혹여나 치료 중에 기억을 잃어버려 감사를 놓치게 될까봐 그 전에 감사를 표현하고 싶다고 하다니 ….

이분의 놀라운 은혜의 선물로 특별새벽기도회 마지막 날, 교회 마당에서는 잔치가 벌어졌습니다.

그날 마당에서 나누어준 떡과 음료수를 받고서 눈물 흘리는 성도들도 있었습니다. 그 떡과 음료수가 어떤 의미를 담고 있는지 잘 알고 있었기 때문에 받은 감동이었습니다. 나는 그날의 감격을 기억하면서 우리 모두가 도전하기를 원합니다.

방사선 치료를 받은 적도 없는 우리는 왜 받은 은혜를 다 잊어버리고 날마다 하나님께 상처만 받은 사람처럼 살아가고 있는지 돌아봐야 하겠습니다.

하나님이 우리 인생 가운데 주신 말로 다 할 수 없는 은혜를 내 영혼의 밭에 감사로 심어둡시다.